KB038491

오인된 정체성

MISTAKEN IDENTITY First published by Verso
© Asad haider 2018

For the Korean Edition Copyright © 2021 by Secondthesis
Korean edition is published by arrangement with Verso through BC Agency, Seoul.

오인된 정체성
계급, 인종, 대중운동, 정체성 정치 비판

지은이 아사드 하이더
옮긴이 권순욱

1판 2쇄 발행 2022년 4월 25일

펴낸곳 두번째테제
펴낸이 장원
등록 2017년 3월 2일 제2017-000034호
주소 (13290) 경기도 성남시 수정구 수정북로 92, 태평동락커뮤니티 301호
전화 031-754-8804 | 팩스 0303-3441-7392
전자우편 secondthesis@gmail.com
페이스북 facebook.com/thesis2
블로그 blog.naver.com/secondthesis

ISBN 979-11-90186-16-2 03300

책값은 뒤표지에 있습니다. 잘못된 책은 바꾸어 드립니다.

오인된 정체성

계급, 인종, 대중운동, 정체성 정치 비판

아사드 하이더
지음

권순욱
옮김

MISTAKEN IDENTITY

교유

차례

일러두기

1. 이 책은 영국 Verso 출판사에서 2018년 출간한 *Mistaken Identity: Race and Class in the Age of Trump*를 한국어로 완역한 것이다.
2. 본문에 나오는 이탤릭체는 볼드체로 표기했으며, 중요한 개념이나 혼동할 수 있는 단어에는 원어를 병기하였다. 이외의 인명과 단체명 등의 원어는 찾아보기에 수록하였다. 책과 잡지 제목에는 《 》, 신문, 보고서, 시 제목은 〈 〉로 표기하였다.
3. 각주의 서지사항 및 인용 쪽수 표기는 원서상 표기를 따랐으며 한국어 번역본이 있는 경우 한국어판 서지사항을 함께 밝혀 놓았다. 이외에 독자들의 편의를 위해 옮긴이 주를 추가하였다.
4. 외국 인명, 지명은 국립국어원의 외래어 표기법과 용례를 따랐다. 다만 국내에서 이미 굳어진 인명과 지명의 경우 통용되는 표기로 옮겼다. 의미 전달을 위해 필요한 경우 원어나 한자를 병기했다.

한국어판 서문

저는 이번에 한국에 소개하는 《오인된 정체성》을 통해 정체성이라는 가상이 만들어 낸 인종 이데올로기 영역에 개입하고자 했습니다. 이 책에서는 미국에 한정해서 개입했지만, 오늘날 전 세계 독자들과 만난 덕분으로, 제게는 책에서 제시한 생각이 다른 맥락에도 적용될 수 있는지 문제가 제기되었습니다.

미국의 인종 이데올로기라는 복잡한 현상은 과거의 이데올로기들을 통합하였고, 이 이데올로기들을 새로운 법적·정치적·경제적 관계와 결합하여 재구성하였습니다. 이와 같은 특수한 인종 이데올로기는 미국의 국경 너머에도 직접적으로 연관될 수 있습니다. 그 이유는 이 인종 이데올로기가 제국주의를 통해 일반화되었기 때문입니다. 다른 국제적 맥락에서도 "인종"이라는 말은 미국의 인종 이데올로기에 내포된 의미로 사용되었습니다. 이런 의미에서 이 책에 담긴 주장은 다른 국가나 지리적 상황과도 연관될 수 있습니다.

더욱 근본적인 수준에서 이야기하자면, 이 책에서 사용된 분석 방법은 다른 상황에도 적합하다고 말할 수 있습니다. 이 방법은 바로 각 상황의 특수성에 주목한다는 특징이 있습니다. 인종을 일반화하고 초역사적으로 분석하는 일은 인종 이데올로기를 재생산합니다. 우리는 반드시 역사적·지리적 특수성을 전제하고 인종을 분석해야 합니다.

이제 제가 인종 이데올로기를 통해 이야기하려 한 내용을 간략히 설명해 보겠습니다. 일상 대화에서 사용되는 "인종" 범주에는 세 가지 의미가 있습니다.

첫 번째 의미의 인종은 개별 인간 집단 사이에 나타나는 생물학적 차이의 표현입니다. 이 표현은 서로 다른 문명, 문화, 행동, 신체 능력, 지적 수준 등에 반영되어 있습니다.

이런 의미의 인종이 거짓이라는 점을 인식하는 게 중요합니다. 그것은 가짜 과학으로, 인종주의를 만들어 내는 것이 아니라 오히려 인종주의에 의해 만들어집니다. 인종주의 사회는 이와 같은 거짓된 인종 개념을 지배와 착취의 체제를 정당화하기 위해 받아들입니다.

두 번째 의미의 인종은 거의 같은 이야기로 들리지만, 실제로는 전혀 다릅니다. 여기서 인종은 사회관계입니다. 즉 자의적인 신체적 특징이 인간 존재를 여러 집단으로 구별하고 사회적 위계 속에 집어넣어 특정 사람들을 시민권과 법인격으로부터 배제하는 체제입니다.

이런 의미에서 인종은 실재합니다. 즉 이 두 번째 의미의 인종이란 현실의 사회구조가 지닌 하나의 측면입니다. 그리고 이 인종은 거짓된 인종 개념을 만들어 냅니다. 이런 이유에서 인종이 거짓이라는 주장을 반박하는 것만으로는 충분하지 않습니다. 우리는 어떻게 인종이라는 실재하는 관계가 거짓된 인종 개념들과 연관되는지 이해해야 합니다.

세 번째 의미의 인종은 첫 번째 의미와 두 번째 의미가 맺는 관계를 보여줍니다. 여기서 말하는 인종은 정체성입니다. 이 정체성은 인종적 범주화가 사회적으로 구성된 특징에서 기원한 자아가 지닌 특성이고, 우리가 겪는 생생한 경험이라고 이야기할 수 있습니다.

이 세 번째 의미의 인종은 적어도 오늘날에는 생물학적 틀로 다뤄지지 않습니다. 하지만 여기서도 인종이 개인에게 내재되어 있는, 인정과 경험에서부터 설명될 수 있는 어느 실체가 야기한 결과이며, 개인에 외재적이고 그들과는 무관한 사회구조가 낳은 결과는 아니라고 설명할 수 있습니다. 이 사회구조는 인정이라는 간주관성으로 환원될 수 없습니다. 두 사람이 각자 서로의 정체성을 특정한 방식으로 인정하게 되는 것은 그 두 개인 때문이 아닙니다. 구별이라는 비인격적인 사회적 과정을 통해 두 개인이 형성되는 과정을 거쳐야 합니다. 게다가 정체성은 부분적인 경험을 통해 설명될 수 없습니다. 우리 뒤편에서 일어나는 일들은 우리를 우리로서 만들어 왔지만, 우리는 그 모든 역사를 도저히 다 경험할 수 없습니다.

따라서 매우 엄밀하게 말하자면 정체성은 가상적인 것입니다. 정체성은 우리 경험에 관한 의식이 아니라, 우리의 의식적인 이해에 선행하고 우리의 지각 능력에 의해 제한되는 우리 안에 떠도는 이미지들입니다. 인종에 관해 말하자면, 저는 정체성을 일종의 인종 이데올로기라고 부릅니다. 이 이데올로기는 우리가 현실의 존립 조건에 맺는 가상적 관계를 재현한 것입니다.

우리에게 정체성이 없다면, 의식하거나 경험하지 않고 할 수 있는 것들보다 더 많은 일들을 해낼 수 없을 것입니다. 우리는 항상 가상적인 관계에 사로잡혀 있으며, 여러 가상적 관계가 단순히 사라진 현실을 떠올리기는 불가능한 일입니다. 하지만 우리가 가상적 경험을 인종에 관한 지식으로 받아들인다면 여러 문제에 뛰어들 수 있습니다.

인종에 관한 지식을 생산하는 것은 매우 까다로운 일입니다. 그 이유는 우리가 인종에 관한 일반 이론을 가질 수 없기 때문입니다. 실은, 그 주장을 급진화하여 인종 같은 것은 없다고 말해야 하겠지요. 그렇지만 이 이야기는 특정한 인종 개념이 거짓이라거나 정체성이 가상이라고 말하는 것과는 다릅니다.

인종 이데올로기는 인종이라 부르는 공통적인 실체가 존재하며, 그 실체를 우리의 자아가 지니고 있으며, 그것이 우리의 경험을 특정하게 프레임 속에 가두는 이러한 특징들로 표현된다고 주장합니다. 하지만 역사 연구가 보여주듯이 여러 구체적인 인종적 구성과 인종화 과정이 또한 존재합니다. 이 과정은 모두 같은 방식으로 일어나는 것이 아닙니다. 그래서 저는 인종 같은 것은 없고, 오로지 구체적인 인종화 체제regimes of racialization들이 있을 뿐이라고 주장합니다. 본래 다루려 했던 미국의 맥락에서 벗어나 이 책을 읽을 때, 독자 여러분이 이러한 점이 중요하다는 것을 반드시 명심하시기를 바랍니다. 저는 이 책의 결론이 그저 다른 맥락에도 복사 붙여넣기 되는 것을 옹호하지 않습니다. 오히려 저는 그 방법을 다른 구체적인 상황에 연장할 것을 제안합니다.

그렇기에 저는 인종에 관한 일반 이론을 제시해야 한다는 생각을 거부하려고 합니다. 그러한 생각 자체가 인종 이데올로기에 내재된 개념이기 때문입니다. 반복하자면, 인종은 생물학적 혹은 문명적 실재를 전혀 갖고 있지 않고, 이러한 의미에서 인종이란 인간 존재의 다양성을 이해하는 거짓된 방식입니다. 우리가 인종이 실재한다고 믿는다면 인종 이데올로기의 영역에 사로잡히게 되며, 이는 인종 이데올로기를 만들어 낸 실제 사회구조를 불분명하게 만들 것입니다. 그 대신 우리는 인종이 어떻게 생산되는지 구체적으로 분석할 필요가 있습니다. 이런 의미에서 인종화 체제들은 사회적·물적 사실이며 실재합니다.

일반 범주로서 인종은 사회적·물적 구조의 측면들을 포착하기 위해 사용될지라도 추상에 불과하며, 역사 전체를 통해 우리 머릿속에 들어오게 된 추상입니다. 추상 수준에 남아서 이 추상이 무엇인지를 파악하려 하는 것은—달리 말하자면, 사회적 삶의 복잡성을 바라보고 그 복잡성에서 추상적인 본질을 뽑아내려 시도하는 것은—유용한 진행 방식이 아닙니다. 오히려 우리는 이런 관념들을 고려하고 그 관념들을 결정해 온 모든 사회적 요인들을 덧붙이면서, 추상에서 구체로 나아가야 합니다. 우리는 역사적 구체성을 목표로 해야 합니다. 즉, 인종을 인간 삶의 일반적이고 초역사적인 측면으로 살펴보는 것이 아니라, 역사적으로 구체적인 인종주의들을 바라보아야 합니다. 이러한 상이한 사회적 구성에 공통점이 있을 수도 있겠으나 그 공통점에서 출발한다면, 우리는 역사적 구체성을 잃어버릴 것입니다.

그러므로 "추상에서 구체로" 나아가는 방법은 총체화한 인종 이데올로기와는 동떨어진 모든 역사적인 요인들을 덧붙이는 것을 의미합니다. 우리는 스페인 종교재판에서 일본 식민주의까지 역사 전반에 걸쳐 서로 다른 인종 개념을 발견할 수 있습니다. 우리는 이 인종 개념들이 어떻게 구체적인 사회적 구성과 부합하게 되는지, 그리고 사회적 구성 속의 다른 관계들이 변형될 때 이 개념들이 어떻게 재구성되는지 이해해야 합니다.

따라서 인종을 단지 초역사적이지 않으며 실재하는 것으로 이해해서도 안 될 것입니다. 인종 이데올로기는 사회적 관계를 지칭하며, 현실의 실천과 제도에 의해 생산되고, 실재적인 효과를 미칩니다. 인종이 재현하는 것은 인구층이 자의적인 신체적 특징에 근거한 여러 집단으로 분리되며, 이 분리로 인해 특정 사람들이 계속해서 늘어난 폭력과 착취에 종속되어 있다는 사실입니다.

화려하게 표현하여 달리 말하자면, 인종주의는 사회적 관계로서 실재합니다. 그리고 인종주의는 인종에 관한 이데올로기, 즉 생물학적 문명적 차이에 관한 이데올로기를 만들어 냅니다. 이 이데올로기는 거짓이지만 실재하는 관계를 지적하며 실재하는 효과를 갖고 있으며, 인종주의라는 사회적 관계를 재생산합니다.

이 점 때문에 저는 정체성을 인종과 연관시키는 것에 비판적입니다. 정체성이 어느 역사적으로 구체적인 인종주의의 본질이라고 여겨지는 일반적인 범주가 되어 초역사적이고 모든 것을 포괄하는 범주가 된다면, 우리는 인종주의를 이해하기 위한 구체성을 완전히 잃어버리게 될 것입니다. 더욱이 정체성은 인종 이데올로기에 특별한 기능을 합니다. 정체성은 인종을 자기 규정, 집단 소속감, 사회적 인정과 같은 경험적인 현상과 연관시킵니다. 이러한 경험적 현상은 사람들을 소위 인종들로 배정해 온 복잡한 역사적 과정을 설명할 수 없습니다. 저는 정체성의 언어가 이러한 복잡한 과정을 불분명하게 만들며, 그러므로 기존 사회의 논리를 재생산한다고 믿습니다.

인종과 계급 중 어느 것이 중요한가, 어느 것이 더욱 근원적인가 등등의 질문이 종종 제기됩니다. 하지만 저는 실제로 이 두 범주 모두 나름대로 문제를 안고 있으며, 두 범주가 불가피하게 정치에 내재적일지라도 그 어느 쪽도 정치의 토대가 될 수는 없다고 믿습니다.

사회 분석 수준에서 제기되는 질문들에 답변하면 마치 정치 행동이 보증되는 듯이 보입니다. 우리가 인종과 계급의 관계를 올바르게 결정한다면 오늘날 등장하는 여러 정치적 논쟁에서 무슨 말을 해야 할지 그리고 이 논쟁을 어떻게 중재할지 알 수 있을 것입니다. 하지만 문제가 되는 사실은 이미 존재하는 것에 관한 정의가 존재하는 것의 예외를 위한 투쟁, 즉 모든 형태의 지배와 착취를 넘어선 인간적인 삶의 형태를 위한 투쟁의 근거가 될 수는 없다는 점입니다.

사회운동은 각자의 분석을 통해 인종과 계급을 종종 통합시켰으며, 그 이유는 이 통합이 명백히 현실적인 해방을 위한 필요조건이었기 때문이었습니다. 그러나 사회운동이 인종과 계급을 통합시킨 것은 각자의 상황이 지닌 구체성 속에서 이루어진 일이었고, 그 구체성은 해방에 관한 관점에 의해 결정되었습니다. 해방은 사회 분석에서 도출될 수 없습니다. 해방은 그 자체로 충분합니다. 인종이나 계급과 같은 추상이 근원적인 우위를 지닌다는 부자연스러운 주장은 어느 한쪽을 완전히 배제하는 것만큼이나 비생산적입니다. 순위는 전략과 국면에 따라 결정되어야 하고, 해방이라는 목표를 통해 특정한 정치 실천이 이루어져야 할 것입니다.

제가 정체성 정치라고 비판했던 대상은 바로 해방적이지 않은 인종을 둘러싼 정치입니다. 이는 인종에만 나타나는 독특한 현상은 아닙니다. 계급을 둘러싸고도 해방적이지 않은 정치 사례들이 많습니다. 사회 분석에서 사용되는 범주들은 사회 구조가 낳은 결과들을 서술합니다. 사회 분석이 출발점이 되고 의식이 사회적 존재의 효과로 이해되더라도, 우리는 여전히 존재하는 것의 수준에 머무를 뿐입니다. 다시 말해 독특하고 예외적인 것, 즉 존재하는 것 너머를 사고하는 인민의 역량에 주목하지는 않는다는 것입니다.

그 결과, 해방에 사회 분석의 토대를 부여하려는 시도는 언제나 우리들을 이미 존재하는 것에 머무르도록 할 것입니다. 하지만 여기서 풀기 어려운 문제는 동시에 해방 프로젝트가 오로지 구체적이고 명시적인 역사적 사례에서만 존재하며, 사회 분석에서 사용되는 범주들을 다루고 있다는 점입니다. 구체적인 해방운동의 역사를 벗어난 정치는 없었지요. 해방운동의 역사는 우리의 출발 지점이 되는 용어들을 만들어 냅니다. 해방적 정치는 드물게 등장하며, 우리는 그 해방적 정치가 지닌 모든 모습을 확인해야 합니다.

20세기 미국에서 여러 차례 일어난 인종주의에 맞선 대중운동은 역사상 매우 중요한 정치적 사건들이며, 우리는 이 대중운동이 제시한 해방적 사상들을 숙고해야 합니다. 기존의 정치권력 구조로부터 배제된 이들은 이 해방적 사상을 스스로 조직적으로 표현하였으며, 따라서 이 사상은 인간 삶의 절대적으로 평등하고 자기 통치적인 조직을 목표로 했습니다.

이 책에서 전반적으로 연구한 이 대중운동은 결코 완전한 것은 아니지만, 나름대로 다음과 같은 여전히 필수적이고 올바른 원칙들을 제시했습니다.

- 지배적인 정치적 실천의 원칙으로서 대중의 직접행동
- 모든 지리적 혹은 문화적 경계를 넘어선 연대
- 자기 조직적이고 호전적인 공동체를 형성하는 수단으로서 상호 지원
- 정의 추구를 국가가 부여한 한계에 순응하지 않고 비타협적으로 주장하는 것

저는 이것들이 정체성이 지닌 원칙으로까지 이해될 수 있다고는 믿지 않습니다만, 오늘날 해방을 목표로 하는 우리들은 이러한 원칙에 충실해야 할 것입니다. 이 원칙이 의미하는 것이 바로 정체성으로서 인종을 넘어서는 것, 그리고 인종주의와 여타 모든 형태의 지배로부터의 해방이라는 관점에서 생각하는 것이기 때문입니다.

감사의 말

먼저 크리스 코너리와 벤 마비에게 감사드립니다. 코너리는 제게 이 책을 쓰도록 격려하고, 완성된 원고를 처음으로 읽어 주었으며, 그 원고들을 하나로 묶어서 내도록 저를 독려하였습니다. 마비는 출판 기획자이자 편집자의 입장에서 이 생각이 구체적인 형태를 갖도록 해 주었습니다. 이 둘은 이 책이 드러내는 견해들이 만들어지도록 해 준 값진 대화 상대였습니다.

사실 저는 이 견해들을 친구, 동지, 동료 들과 함께 만들었습니다. 여기서 그들 모두를 언급할 수는 없지만, 제가 상당히 고마움을 느낀다는 점을 그들이 알아주기 바랍니다. 여기서 저는 정치 활동이라는 소용돌이 속에서 저와 함께 이 질문들을 논의했던 분들과 제가 생각을 기록하도록 격려해 주고 이 생각들을 이해하기 쉽도록 도왔던 분들, 전체 초고를 용감하게 읽고 논평해 주신 분들을 언급하려 합니다. 로버트 캐리부스, 데보라 굴드, 에린 그레이, 에반 그룹스미스, 데이비드 라우, 패트릭 킹, 웬델 하산 마쉬, 데이브 메싱, G. S. 사호타, 제이슨 스미스, 알베르토 토스카노, 델리오 바스케스, 개빈 워커, 필립 윌스테터.

출판을 향한 저의 여정은 살라르 모한데시와의 지적·정치

16

적 협력에서 시작되었습니다. 그는 이 책 전반에 영향을 미쳤습니다. 그 과정에서 저는 《뷰포인트》편집부 모두와 협력하게 되었습니다. 그들은 모두 값진 독자, 비평가, 대화 상대가 되어 주었습니다.

원고에 담긴 역사적 세부 내용은 엠마 타이틀먼, 팀 바커, 맷 카프의 검수를 받았으며, 그들의 격려에 매우 감사드립니다. 새라 그레이의 엄밀하고 세심한 교열은 이 글에 꼭 필요한 개선이 이루어지도록 하였습니다. 오류가 남아 있다면, 그것은 제 책임입니다.

제 형제 수자 하이더와 나눈 중요한 대화가 없었다면 저는 제 일생에 어떤 견해도 갖지 못했을 것입니다. 그는 오늘날 정체성 정치의 매우 중요한 비판가들 중 한 명으로 떠올랐습니다. 이 책에서 그를 인용하지는 않았지만, 그건 그저 독자들에게 혼동을 주지 않도록 하기 위해서입니다.

줄리 매킨타이어가 개인적으로 꾸준히 도와주지 않았다면 저는 아무것도 해내지 못했을 것입니다. 마찬가지로 그는 스스로 인정하는 것보다도 훨씬 더 지적인 자극과 영감을 주었습니다. 저는 그의 첫 책이 나오길 간절히 기대합니다.

마지막으로, 이 책을 제 부모님 자와이드 하이더와 탈라트 아자르에게 바칩니다. 두 분은 제게 통념과 반대되고, 권위자들에게 분노를 일으킬지라도, 윤리적 원칙에서는 절대 타협하지 말라고 가르쳐 주었습니다.

서론

루이 알튀세르는 우리 모두가 어딘가에서 태어나야만 한다고 썼다. 어째서인지 알기는 어렵지만, 나는 미국 펜실베이니아주 중부에 있는 작은 마을에서 태어났다. 이곳에서는 아무도 내 이름을 잘 발음할 수 없었고, 집에서 우리 가족은 다른 언어로 이야기를 나누었다. 게다가 우리는 격년으로 여름마다 짐을 싸 비행기에서 힘들게 오랜 시간을 보내면서 카라치에 있는 친척을 보러 갔다.

나는 내 자신이 어느 한 가지 정체성을 닮은 무언가에 대한 경험과 동떨어져 있었다고 확신하지 않는다. 아마도 나의 자아를 구성했던 조각과 부분 들은 지구 각지에 흩어져 있었던 것처럼 보인다. 역설적으로 정체성은 외부에서 결정되는 것처럼, 혹은 결정되지 않은 것처럼 더욱 두드러지게 나타난다. 펜실베이니아에서 백인 아이들은 내가 (명백하게 펜실베이니아는 아닌) 어디에서 왔는지 물었고, 파키스탄에 사는 친척들은 내 미국식 억양을 지적했지만, 그들 중 어느 누구도 내가 어떤 정체성을 갖고 있든 그 사실을 정말로 인정할 준비가 되어 있지는 않은 것처럼 보였다.

나는 2001년 9월에 이르러 나의 정체성을 다르게 경험하기 시작한 것 같다. 어느 날 학교에 도착한 후 나는 이 나라가 공격받았다는 사실을 알게 되었고, 그날 내내 우리는 비행기가 세계무역센터로 충돌하는 모습을 지켜보았다. 나는 학교 친구들의 반응을 이해하기 어려웠다. 당연히도 그들은 두려워했고 분노했으며 절망했다. 나는 혼란스러웠다.

텔레비전에서 파키스탄에서 일어난 테러, 군사 행동, 쿠데타를 다룬 보도를 시청하는 것은 드물지 않은 일이다. 어느 뉴스 앵커가 카라치가 "세계에서 가장 끔찍한 도시"라고 진지하게 전하던 모습이 기억난다. 어린 시절 그곳에서 여름을 보냈을 때, 나와 같은 어린아이들이 거리를 가득 채웠던 광경을 본 기억이 있다. 아이들은 집도 없고, 굶주렸고, 몸에서 파리를 쫓아내지 못할 정도로 약했다. 무언가 정치적으로 어긋나 있었고, 펜실베이니아에서 본 시각은 지나치게 협소하게 보였다. 빌 클린턴이 수단 공화국의 알 쉬파Al-Shifa 제약 공장에 미사일 공격을 명령했을 때,[1] 6학년 담임 선생님은 나를 자리에 앉혀놓고 왜 그런 행동이 필요한지 한 문단으로 설명하는 글을 쓰게 했다. 하지만 이제 나는 텔레비전 장면 이면에서 이 상황을 다르게 바라보는 사람들이 많이 있었다는 사실을 안다.

우리가 못 믿겠다는 듯이 바라보았던 쌍둥이 타워가 붕괴하던 소리는 나의 일상 경험에도 울려 퍼졌다. 그 이전까지 나는 남을 업신여기는 배타적인 관용의 문화와 함께 사는 법을

---

1 [옮긴이] 빌 클린턴 행정부는 테러 단체 알카에다와 연관된 인물이 이 제약 공장을 소유하고 있으며 VX 신경가스를 제조하여 알카에다에 공급하고 있다고 주장했다. 그러나 1998년 8월 20일 미사일 공격을 감행한 뒤, 폭격의 근거가 된 신경가스가 제조되었다는 사실을 뒷받침하는 근거는 발견되지 않았다.

배웠다. 하지만 쌍둥이 타워가 붕괴하면서, 이제 암암리에 흐르고 있던 노골적인 적대감이 드러났다. 반 친구들이 나를 "오사마"라고 불렀지만, 교사는 무관심하거나 동조하며 그 광경을 바라보았다. 나는 아이스크림 가게에서 예상치 못한 두려움에 사로잡히기도 했다. 친근한 늙은 백인 남성은 우리 가족을 갑자기 쏘아보며 우리 방향으로 "이라크에서 온 테러리스트"라고 고함치기 시작했다. 마치 우리가 테이블로 가서 쿠키 앤 크림 아이스크림콘을 위협적으로 휘두르는 것처럼 말이다.

나의 정체성은 국가안보 문제가 되었다. 그런데 내가 어떻게 하면 그러한 시나리오에 대응할 수 있었을까? 내 자신이 그것과는 전혀 들어맞지 않는다고 느끼면서도, 세계 반대편에 놓여 있는 확고한 파키스탄인 정체성을 자랑스럽게 주장해야 했을까? 아니라면 나를 둘러싼 백인성whiteness의 세계가 인종주의적이고, 지역이기주의적이며, 나를 전혀 반기지 않았다고 하더라도 그 세계로 동화되었어야 했을까?

이 질문에 답이 있을 수는 있겠다. 하지만 학교에서는 그 답을 가르쳐 주지 않았다. 그래서 나는 다른 독서를 함께 하면서─가장 기억에 남는 책은《공산당 선언》과《북회귀선》이다─내 정체성에 관한 질문을 공부하기 시작했다. 마르크스와 엥겔스의 "만국의 노동자들이여, 단결하라!"와─질 들뢰즈가 이야기하듯 "모든 것이 출발, 생성, 전이, 도약, 다이몬, 외부와의 관계성"인─헨리 밀러의 노마디즘 사이에서 나는 확고한 영토에 안착하는 것이 불가능하다고 확신했다.[2]

---

2 Gilles Deleuze, "On the Superiority of Anglo-American Literature," in Gilles Deleuze and Claire Parnet, *Dialogues II*, trans. Hugh Tomlinson and Barbara Habberjam (New York: Columbia University Press, 2007), 36.

6학년이 되어 나는 뉴턴의 세 가지 운동법칙에 관한 과학 활동을 했다. 공립도서관 인물 전기 서가에서 나는 아이작 뉴턴 옆에 있던 "뉴턴, 휴이 P."라고 적힌 책을 발견했다. 그것은 《혁명적 자살》이라는 혼란스러운 제목을 지닌 인상적인 책이 었다. 휴이 뉴턴의 이야기는 내게 말했다. 바로 이 나라에서, 즉 사람들을 소외시키는 이 백인의 세계에서 내가 겪어 본 것보 다 훨씬 심각한 배제를 겪은 다른 이들이 있다. 나는 공포에 질 린 채 뉴턴의 독방 생활 이야기를 읽었지만, 또한 그가 플라톤 의 《국가》를 반복해서 읽으면서 독학했던 열정에 감동하기도 했다. 그는 블랙팬서당 창립자로서 했던 정치적 실천과 자신의 지적 발전을 연결시켰고, 이 점은 내게 마음속 삶의 모델을 정 해 주었다. 이 모델은 헨리 밀러의 보헤미아식 향락주의나, "모 범적 소수자model minority"[3]에 속한 이들에게 기대되는 자수성가 보다 훨씬 더 설득력 있었다.

하지만 내게 가장 중요했던 점은, 휴이 뉴턴이 자신만의 정 체성에 머무르지 않았다는 점이었다. 그는 자신의 경험을 통해 자신 바깥의 세계로 향했다. 휴이 뉴턴은 쿠바, 중국, 팔레스타 인, 베트남과의 연대에 기반한 정치를 시작했다. 그가 든 예시 는 《공산당 선언》을 뒷받침했다. 내가 파키스탄에서 목격한 엄 청난 빈곤과 오늘날 펜실베이니아까지 반복되는 인종 억압의 오랜 역사는 서로 얽혀 있었다. 어느 해법이든 이 두 문제 모두 와 맞서야만 할 것이었다. 훌륭한 사상가 카를 마르크스의 통

---

3 [옮긴이] 모범적 소수자는 인종 불평등에도 불구하고 이를 극복하고 자수성가한 사회 적 소수자를 의미한다. 모범적 소수자들의 이야기는 때로 인종주의적 사회구조로 발 생한 문제를 개인의 능력이 부족한 탓으로 돌리는 예시로 쓰이고는 한다.

찰은 유럽에만 속하지 않았다. 이 통찰은 전 세계의 것, 즉 불의에 맞서 싸우는 모든 이들의 것이었다. 마르크스의 통찰은 아시아, 아프리카, 라틴아메리카에서 정제되고 발전해 왔다. 심지어 여기, 심장부에서도 애국주의와 복음주의라는 용해액에 둘러싸인 미국 흑인들은 이러한 유산이 지리적으로 국한되지 않는다는 점을 보여주었다.

모든 종교에 회의적이었지만, 나중에 나는 《맬컴 엑스 자서전》을 읽으면서 더 큰 양가감정을 느끼게 되었다. 나는 무슬림을 향한 차별과 마주했고, 그중 몇몇 차별은 특히 나를 겨냥한 것이었다. 그럼에도 나는 전혀 이슬람을 옹호하고 싶지 않았다. 나는 우리 중에서도 다른 이들을 이렇게나 엉망진창으로 만드는 광신도들을 증오했다. 나는 비합리주의, 미신, 성적 수치심의 문화 전체를 질색했다. 그렇지만 한편으로 언어, 소리, 음악, 건축의 문화는 나를 구성하는 일부였고, 이는 맬컴을 내가 알던 세계로 가까이 데려왔다. 맬컴에게 이슬람이란 광신주의를 넘어서는 방법이었다. 이슬람은 그로 하여금 자기 정체성에 대한 집착을 넘어서 전 세계와의 연대로 향하도록 이끌었다. 1964년 옥스퍼드대학교에서 맬컴이 이야기했듯이, "저 자신은 어느 누구든 함께 행동할 것입니다. 당신이 이 지구에서 존재하는 이러한 비참한 조건을 바꾸길 원한다면, 당신이 어느 색깔이든 저는 상관하지 않습니다." 무슬림 반대 감정이 떠오르고 이 감정이 "이슬람 파시즘Islamo-fascism"을 비판하는 소위 좌파들에 의해 표출되었지만, 맬컴은 내가 이에 맞서 싸울 때 나와 연관되어 있다고 자랑스럽게 여길 수 있는 무슬림이었다.

하지만 그들, 무슬림과 백인이 나를 가둔 이중의 속박을 풀 진정한 해법은 존재하지 않았다. 이슬람의 보수적이고 반동적인 이데올로기를 합리화하지 않으면서도 무슬림에 대한 공격에 맞설 수 있었을까? 다른 한편으로 백인 인종주의자들의 손에 놀아나지 않으면서도 이슬람 근본주의가 초래한 피해를 비판할 수 있었을까?

런던 펑크로부터 등장한 보헤미안적 하위문화와 과감히 운명을 같이했던 파키스탄계 영국인 소설가 하니프 쿠레이시의 작품은 이 문제를 폭로한다. 그의 단편소설을 바탕으로 한 영화 〈광신도 나의 아들〉은 내가 미국 문화에서는 전혀 듣도 보도 못한 방식으로 이 질문들을 다룬다. 파키스탄계 영국인 남성 파리드는 회계사가 되기 위한 공부에 지쳐 버렸고, 자신을 참아 내기 매우 어려워하는 전통주의적 영국인 부모를 둔 백인 약혼자를 차 버린다. 갑자기 예상치 못하게 그는 근본주의 무슬림이 된다. 이는 그의 아버지이자 예언자 무함마드의 말씀보다 루이 암스트롱의 곡을 듣는 데 더욱 관심이 있던 택시 기사 파르베즈에게는 더욱 놀랄 일이었다. 파리드는 라호르에서 온 어느 율법학자mullah가 집에 머무를 수 있도록 아버지를 설득한다. 그 율법학자는 아침마다 서구에서 나온 만화를 보면서 시간을 보내다가 결국 파르베즈에게 비자를 얻을 수 있게 도와 달라고 부탁한다. 결국 그는 자신이 매우 큰 목소리로 성토하던 서구 문명에서 살 수 있게 된다.

내가 그랬듯 다른 이들도―그들 중 몇몇은 파키스탄인이지만 주로 영국에서 살았던 것처럼 보인다―방황한다는 것을 알게 되면서, 나는 충격을 받았지만 한편으로는 안심했다. 〈광신도 나의 아들〉 각본 서문에서 쿠레이시는 우리가 공유하는 이중의 속박에 대해 다룬다.

근본주의는 안전을 제공한다. 모든 반동주의자들처럼 근본주의자에게는 모든 것이 결정되어 있다. 진실은 합의되어 있고 어느 것도 변할 수 없다. 다른 한편으로 조용한 자유주의자들에게 앎이 주는 위안은 곤혹스러움이 주는 기쁨과 스스로 발견하기를 원하는 기쁨보다 만족스럽지 않아 보인다. 하지만 누군가에게 모든 것을 알지 못한다는 느낌, 즉 그가 누구인지, 그를 받아들이지 않는 다른 사람들과 함께 삶을 꾸려 나가는 것이 어떻게 가능한지에 관한 생생하고도 미치게 하는 문제가 항상 있을 것이라는 느낌은 매우 파괴적일 수 있다. 아마도 누군가는 그러한 곤혹스러움과 함께 매우 오랫동안 살아갈 수 있을 것이다. 합리주의자는 사람들에게 믿음이 필요하다는 점을 언제나 과소평가한다. 계몽주의의 가치—합리주의, 관용, 회의주의—는 당신이 끔찍한 밤을 견딜 수 있게 만들어 주지 않으며 영적인 위안이나 공동체 혹은 연대를 제공하지도 않는다. [4]

계몽주의의 가치는 종종 좋은 생각이고, 우리 중에서도 책을 많이 읽은 사람들은 종종 우리가 그 가치로 세상을 바꿀 수

---

4 Hanif Kureishi, "The Road Exactly: Introduction to *My Son the Fanatic*," in *Dreaming and Scheming: Reflections on Writing and Politics* (London: Faber and Faber, 2002), 220.

있다는 희망으로 가득 차 있다. 나 또한 예외는 아니었다. 나는 놈 촘스키를 집요하게 읽으며 스스로를 사실과 원칙으로 무장하였고, 이라크 전쟁에 반대하는 운동에 앞장섰다. 그 운동은 내가 고등학교 2학년일 때 인근 대학교 캠퍼스에서 급속히 커졌다. 이러한 정치적 합리주의는 일종의 위안을 준다. 합리주의는 나의 정체성에 의존할 필요 없이 매일의 뉴스에서 나를 엄습하는 폭력과 고통의 해법이 미국 제국주의의 종식, 따라서 전 지구 자본주의의 종식이라고 주장할 수 있다고 확인시킨다.

그러나 해가 지날수록 나는 이러한 합리주의가 얼마나 크게 실패할 수 있는지 배웠다. 쿠레이시가 관찰하였듯이, 자신이 누구인지에 관한 질문들을 품고 살아가는 것은 매우 파괴적이다. 너무나도 그릇되고 불의한 세계에 맞서는 것 또한 파괴적이다. 이러한 불의에 대한 반대, 이는 오로지 보편적 해방의 프로젝트, 즉 조직과 행동을 통한 전 지구에서의 혁명적 연대 프로젝트로만 실현할 수 있다. 나는 이것을 달성하는 것, 앞서 나간 이들의 투쟁을 앞으로 끌고 가는 일이 가능하다고 믿는다. 하지만 지배 이데올로기는 대안이란 존재하지 않는다고 열심히 설득한다. 이런 생기 없고 절망적인 현실에서 몇몇 이들은 근본주의의 위안을 선택하고 만다. 또 다른 이들은 정체성이라는 위안을 선택한다.

1
정체성 정치

현대적 형태의 **정체성 정치**identity politics라는 용어는 1977년, 컴바히강공동체Combahee River Collective라는 보스턴에서 3년 전 (1974년) 결성된 호전주의적인 흑인 레즈비언 단체에 의해 정치 담론으로 도입되었다. 창립 멤버인 바버라 스미스, 베버리 스미스, 데미타 프레이지어는 그들이 쓴 영향력 있는 공동 문서 "흑인 페미니스트 선언A Black Feminist Statement"에서 혁명적 사회주의 프로젝트가 그 운동 안의 인종주의와 성차별주의에 의해 약화되어 왔다고 주장했다. 그들은 다음과 같이 썼다.

우리는 사회주의자이다. 노동이 사장의 이익이 아니라 그 노동을 하고 상품을 만들어 내는 사람들의 집단적 혜택을 위해 조직되어야 한다고 믿기 때문이다. 물질적 자원은 이 자원을 만들어 내는 사람들에게 동등하게 분배되어야 한다. 그렇지만 우리는 사회주의 혁명이 또한 페미니스트 및 반인종주의 혁명이 아니라면 우리의 해방을 보장할 수 있으리라고 확신하지 않는다.

이 성명은 "여러 주요 억압 체계가 서로 얽혀 있다."는 점을 훌륭하게 증명했으며, "단지 인종이나 성별 없는 노동자들이 아니라 개인들의 실제 계급적 상황"을 정교히 할 필요성을 선언했다.[1] 자신들의 구체적인 사회적 지위가 흑인해방운동과 여성해방운동 양측에서 무시되었지만, 그럼에도 흑인 여성들은 자신들의 자율적 정치를 주장함으로써 간단히 이와 같이 공허한 계급환원론에 도전할 수 있었다. 컴바히강공동체는 흑인 여성들의 정치적 실천이 지닌 이와 같은 중요한 측면을 개념화하기 위해 한 가지 가설을 제시하였다. 그 가설이란 자신만의 경험을 중점적으로 분석하고, 자신만의 특수한 정체성에 뿌리를 두고 자신들의 정치를 할 때, 가장 급진적인 정치가 등장한다는 것이었다.

> 이렇듯 우리가 겪는 억압에 주목하는 것이 정체성 정치라는 개념에 담겨 있다. 우리는 가장 심오하며 어쩌면 가장 급진적인 정치가 다른 누군가의 억압을 끝내려 노력하는 것이 아니라 바로 우리의 정체성에서 나온다고 믿는다.[2]

컴바히강공동체에게 지금 이 주장은, 정치가 정치와 연관된 개인들의 구체적 정체성들로 환원되어야 한다는 것을 의미하지 않았다. 바버라 스미스가 최근 되돌아보았듯이 말이다.

---

1 Combahee River Collective, "The Combahee River Collective Statement," in Barbara Smith, ed. *Home Girls* (New Brunswick, NJ: Rutgers University Press, 2000), 268, 264.

2 Combahee River Collective, "Statement," 267.

저희가 이야기했던 바는 저희가 단순히 여성으로서, 혹은 흑인으로서, 레즈비언으로서, 노동자계급 혹은 노동자로서 권리를 갖고 있다는 주장이 아니었습니다. 저희는 이 모든 정체성을 지닌 사람이고, 그러한 현실을 바탕으로 정치적 이론과 실천을 구축하고 정의할 권리를 갖고 있습니다. … 그 점이 정체성 정치로 이야기했던 점이죠. 저희는 당신이 우리와 똑같지 않으니 아무것도 아닌 사람이라고 말한 게 아니었습니다. 저희는 완전히 우리와 같지 않은 사람은 어느 누구도 신경 쓰지 않는다고 말한 것이 아니었습니다.[3]

실제로 컴바히강공동체는 이러한 관점을 현실의 정치적 실천으로 드러냈다. 데미타 프레이지어는 이 조직이 연대를 강조했던 점을 상기한다.

저는 컴바히강공동체나 제가 참여했던 여타 흑인 페미니스트 단체가 오로지 우리 흑인 여성에게 관심 있는 이슈만 주목해야 한다거나 레즈비언/바이섹슈얼 여성으로서 오로지 레즈비언의 이슈만 주목해야 한다고 전혀 믿지 않았습니다. 정말 중요하게 기록해야 할 점은, 컴바히강공동체가 한 지역에 가정폭력을 겪은 여성들을 위한 대피처를 세우는 일에 공헌했다는 점입니다. 저희는 남성과 여성이든 레즈비언과 이성애자든, 여러 공동체 활동가들과 연대하여 활동했습니다. 저희 대부분은

---

3 Keeanga-Yamahtta Taylor, ed., *How We Get Free: Black Feminism and the Combahee River Collective* (Chicago: Haymarket, 2017), 59-60.

레즈비언이었지만, 당시 재생산권 운동에도 매우 적극적으로 참여했습니다. 저희가 노동운동과 연대했던 이유는 다른 집단에 속한 개인들이 모두 페미니스트가 아닐지라도 그 집단을 지지하는 것이 중요하다고 믿었기 때문입니다. 저희는 스스로 살아남으려면 연대를 구축하는 일이 필수적이라고 이해했습니다.[4]

예를 들어, 컴바히강공동체에게 페미니즘의 정치적 실천이란 1970년대 건설업 파업에서 피켓 라인을 따라 행진하는 것을 의미했다. 하지만 그 이후 역사는 완전히 뒤바뀐 것처럼 보였다. 살라르 모한데시가 썼듯이, "더욱 풍부하고 다양하며 포용적인 사회주의 정치를 건설하고자 사회주의의 몇 가지 한계를 넘어서려는 약속으로 시작했던 것"이 "컴바히강공동체와는 정반대의 정치를 지닌 이들에 의해 활용"되고 말았다.[5] 가장 근래의 충격적인 사례는 힐러리 클린턴의 대통령 선거 캠페인이다. 클린턴의 대선 캠페인은 "교차성intersectionality"과 "특권privilege"의 언어를 받아들였으며, 버니 샌더스를 중심으로 민주당 내부에서 등장한 좌파의 도전에 맞서 싸우기 위해 정체성 정치를 이용하였다. 샌더스는 여성들 사이에서 폭넓은 지지를 받았지만, 그의 지지자들은 "버니 브로스Bernie Bros"라는 비난을 받았다. 민주당 주류의 신자유주의 정책 공약이 많은 미국 흑인들에게 파멸적인 영향을 미쳤지만, 샌더스 지지자들은 흑

4 Demita Frazier, "Rethinking Identity Politics," *Sojourner* (September 1995): 12.

5 Salar Mohandesi, "Identity Crisis," *Viewpoint* (March 2017).

인들의 관심사를 무시한다는 혐의를 받았다. 미셸 알렉산더가 〈네이션〉에 썼듯이, 클린턴 가문은 민주당이 "시민권운동에 대한 우익의 반발"과 "인종, 범죄, 복지, 세금에 관한 로널드 레이건의 어젠다"에 항복하는 유산을 남겼다. 클린턴식 자유주의라는 새로운 브랜드는 "결과적으로 레이건이 했던 것보다 흑인 공동체에 더욱 해를 입히"고 말았다.[6]

클린턴의 선거 캠페인 공보국장인 제니퍼 팔미에리는 MSNBC와의 인터뷰에서 트럼프 취임 이후 일어난 트럼프 반대 시위에 관해 다음과 같이 말했다. "이 군중을 보고 모든 사람들이 시간당 15달러를 원한다고 생각한다면 그것은 틀렸습니다. 거대한 군중에 대한 응답이 정책을 좌선회하는 것이라 가정해서는 안 됩니다. … 지금은 저희 편의 정체성이 중요합니다."

공정하게 말하자면, 팔미에리의 주장은 단순히 이와 같은 판단 오류 탓이 아니다. 사실 그는 진정으로 자유주의의 불가피한 고전적 신조를 표현하고 있을 뿐이다. 주디스 버틀러는 "동시대적인 배열 속에서 여러 정체성들은 … 자유주의 국가의 일정한 요구 사항들과 관계를 이루며 형성된다."고 설명한 바 있다. 자유주의 정치 담론에서 권력 관계들은 법률과 동일시되지만, 미셸 푸코가 증명하였듯이 현실에서 권력 관계들은 공장의 노동 분업, 교실의 공간 조직, 감옥의 훈육 절차 등 여러 사회적 실천 속에서 생산되고 행사된다. 이러한 제도 안에서 사람들의 집단성collectivities은 지배 권력에 종속된 개인들로 분리

6   Michelle Alexander, "Why Hillary Clinton Doesn't Deserve the Black Vote," *Nation* (February 2016).

된다. 하지만 이러한 "개인화-individualization"가 개인들을 정치적 주체로 구성하기도 한다. 즉, 개인은 자유주의의 정치적 기초 단위이다. 버틀러가 주장하듯이, 이러한 틀 속에서 "오로지 독자적이고 상처 입은-injured 정체성에 기초해서만 권리의 주장 및 자격의 요구가 이루어질 수 있다."[7]

주체subject라는 단어는 버틀러가 지적하듯이 독특한 이중의 의미를 지니고 있다. 이 단어는 행위성agency을 지님, 즉 권력을 행사할 수 있음만이 아니라 종속되어 있음-being subordinated, 즉 외부 권력의 통제 아래에 있음을 의미한다. 자유주의적 정치 형태에서 우리는 권력에 대한 **예속화**subjection를 통해 정치에 참여하는 **주체**가 된다. 그러므로 버틀러는 "우리가 정체성 정치라고 부르는 것은 원고로서 그들의 지위를 구성하는 특수성에 의해 총체화된 주체들에게 인정과 권리를 배분하는 국가에 의해 생산된다."고 주장한다. 우리가 마치 법정에서 불만을 드러내듯이 우리의 정체성을 근거로 하여 일정 정도 상처 입었음을 주장할 수 있다면, 마찬가지 근거로 우리는 국가로부터 인정 또한 요구할 수 있다. 그리고 정체성들은 자유주의 정치의 조건이기 때문에 더욱더 총체화되고 환원적이게 된다. 바로 정체성을 통한 우리의 정치적 행위성이 우리 스스로를 국가에 구속시키며 우리 자신의 예속이 지속되도록 보장한다. 그렇기에 긴급한 과제는 버틀러가 이야기하듯이 "근대 국가의 훈육적 장치와 상관 있는 개인성을 거부"하는 방안들을 제시하는

---

7   Judith Butler, *The Psychic Life of Power* (Stanford, CA: Stanford University Press, 1997), 100. [한국어판: 주디스 버틀러, 《권력의 정신적 삶》, 강경덕, 김세서리아 옮김, 그린비, 2019, 148쪽.]

일이다.[8]

하지만 이러한 여러 형태의 개인성을 당연하게 여긴다면─우리가 이 개인성들을 우리의 분석과 정치의 출발점으로 받아들인다면─우리는 이 과제를 전혀 해낼 수 없다. 정체성은 국가가 우리를 여러 개인으로 분할하는 방식과 우리가 더 넓은 범위의 사회적 관계에 대응하여 자아를 형성하는 방식에 상응한다. 그럼에도 불구하고 정체성은 추상abstraction이며, 정체성을 구성해 온 구체적인 사회적 관계를 이야기하지 않는다. 유물론적 탐구 양식은 추상적인 것에서 구체적인 것으로 나아가야 한다. 즉, 우리 머리에 추상을 가져다 놓은 모든 역사적 구체성과 물적 관계를 파헤침으로써 이러한 추상을 지상으로 되돌려 놓아야 한다.

그렇게 하려면 우리는 정체성 정치를 생각하는 기반이 되는 "정체성"을 거부해야 한다. 이러한 이유에서 나는 정체성 범주로서의 "인종, 젠더, 계급"이라는 성 삼위일체를 받아들이지 않는다. 정체성이라는 성령이 세 가지 동일실체적consubstantial 신성한 형태를 취한다는 이러한 관념은 유물론적 분석에는 포함되지 않는다. 인종, 젠더, 계급은 완전히 다른 사회적 관계를 지칭하며, 그 자체가 구체적인 물질적 역사의 관점에서 설명되어야 할 추상이다.

바로 그러한 이유에서 이 책은 전적으로 인종에 주목한다. 그 이유는 개인적인 경험 때문에 나 스스로도 정체성을 손쉽

---

8 Judith Butler, *The Psychic Life of Power* (Stanford, CA: Stanford University Press, 1997), 101. [한국어판: 주디스 버틀러, 《권력의 정신적 삶》, 강경덕, 김세서리아 옮김, 그린비, 2019, 148-150쪽.]

게 신학적으로 추상하는 것을 넘어서 인종에 대해 생각할 수 있었기 때문이다. 또한 이 책에서 제시하는 가설들이 인종과 인종주의, 반인종주의 운동의 역사에 대한 연구에 근거하기 때문이기도 하다. 물론 어떤 구체적인 역사를 연구하려면 반드시 그 역사를 구성하는 모든 관계를 다룰 필요가 있다. 따라서 우리는 젠더 관계와 젠더와 연관된 억압에 대항하는 운동이 미친 영향과도 마주하게 될 것이다. 하지만 나는 젠더에 관한 포괄적인 분석을 제공한다는 주장을 하지는 않을 것이다. 그렇게 하려면 별도의 연구 방법이 필요한데, 그렇게 단순히 젠더를 인종에 부차적인 문제로 다루는 일은, 아마 전혀 받아들여지지 않을 것이기 때문이다. 이미 그러한 생각을 따르는 저작이 많이 존재한다. 주디스 버틀러의 《젠더 트러블》은 페미니즘 이론의 특정 담론에 존재하는 정체성 정치에 대해 매우 선견지명 있고 깊이 있는 비판을 제기한다. 버틀러의 표현을 따르자면, 그 비판은 "페미니즘이 정체성 정치로 표명되었던 토대주의적 틀에 문제를 제기한다. 이런 토대주의의 내적 역설은 그것이 재현하고 해방시키려 했던 바로 그 '주체'를 전제하고 고정하고 또 규제한다는 점이다."[9] 하지만 이 책에서 나는 인종에 주목하고 있으며, 주로 여러 흑인운동의 역사를 고려할 것이다. 이는 내가 흑인운동이 현재 우리의 역사적 순간이 지닌 정치적 특징을 근본적으로 형성해 왔다고 믿고 있기 때문만이 아니라 이 운동으로 부상한 인물들이 인종 개념에 관한 사고

---

9   Judith Butler, *Gender Trouble: Feminism and the Subversion of Identity* (New York: Routledge, 1999), 189. [한국어판: 주디스 버틀러, 《젠더 트러블: 페미니즘과 정체성의 전복》, 조현준 옮김, 문학동네, 2008, 363쪽.]

의 최전선에 있기 때문이다. 물론 내가 혁명적 흑인 이론과 접촉했다는 개인적 사정도 있다. 나는 혁명적 흑인 이론과 접촉한 덕분에 정체성 정치의 전신이 되는 것들을 향해 맬컴 엑스와 휴이 뉴턴이 제기한 비판을 처음으로 알게 되었다. 나는 그들의 실천을 따라 정체성 정치를 인종 억압에 대항하는 운동의 **중립화**neutralization로 정의한다. 정체성 정치는 이러한 해방적 유산을 정치 엘리트와 경제 엘리트의 승진을 위해 도용하고자 등장한 이데올로기이다. 그것을 이론화하고 비판하기 위해서는, 컴바히강공동체를 비롯한 흑인 혁명 투쟁의 프레임워크를 적용할 필요가 있다. 이러한 운동들은 보편으로부터 일탈한 것이 아니라 여러 현대적 형태의 정체성 정치를 비판하는 근거로 고려되어야 한다. 이러한 현대의 정체성 정치라는 현상은 흑인 혁명 투쟁이 예측하거나 예견할 수 없는 구체적인 역사적 형태를 지니지만, 흑인 혁명 투쟁은 정체성 정치의 전신을 밝혀내고 반대하였다.

맬컴 엑스의 분석은 1965년 그가 네이션오브이슬람Nation of Islam[10]의 문화민족주의자들에게 암살당하면서 갑작스레 끝났다. 맬컴은 연설에서 계속 언급한 아프리카와 아시아의 혁명적 반식민지 운동과 긴밀해지고 난 뒤에 네이션오브이슬람과 절연했다. 그는 백인우월주의와 그것이 의존하는 경제 체제에 관한 구조적 분석을 심화하였다. 페루치오 감비노가 증명하였듯

---

10 [옮긴이] 네이션오브이슬람은 1930년대에 월러스 파드 무하마드가 창시한 종교 및 정치운동으로, 백인의 가르침으로 취급된 기독교를 거부하고 흑인들에게 진정한 공동체 종교인 이슬람을 받아들일 것을 주장하였다. 맬컴 엑스와 무하마드 알리가 이 운동에 참여한 바 있으나, 그들은 흑인우월주의에서 벗어나 이슬람 수니파로 개종하였다.

맬컴이 노동자로서 살았던 삶을 살펴보면 이 점은 놀랍지 않다. 맬컴은 특별 객차의 짐꾼으로, 나중에 포드사 웨인 조립 공장에서 최종 조립자로 생활했다. 공장에서 그는 노동자들이 고용주들을 향해 적개심을 보이는 반면 노동조합 관료들은 노동자들을 자제시키는 긴장을 목격했다.[11] 맬컴은 1964년에 한 대담에서 다음과 같이 이야기했다. "백인이 자본주의를 믿으면서 인종주의를 믿지 않는 것은 불가능합니다." "인종주의 없는 자본주의는 있을 수 없습니다. 그리고 당신이 누군가를 찾아 그 사람과 대화를 나누었다고 합시다. 만일 그들이 가진 철학이 그들의 전망에 이런 식의 인종주의는 없다고 당신을 확신하게 한다면, 대개 그들은 사회주의자이거나 사회주의를 정치 철학으로 삼을 것입니다."[12]

블랙팬서당은 맬컴이 혁명적 연대 활동을 늘리고 네이션 오브이슬람의 문화민족주의를 비판한 일을 완성시켰다. 그들은 이러한 문화민족주의를 "폭찹민족주의pork-chop nationalism"라고 불렀다. 휴이 뉴턴이 1968년 한 인터뷰에서 주장하였듯이, 폭찹민족주의자들은 "옛 아프리카 문화로 되돌아가 자신들의 정체성과 자유를 되찾는 것을 고려"했지만, 결과적으로 흑인 공동체 내부의 정치적 및 경제적 모순을 지워 버렸다. 폭찹민족주의는 불가피하게도 "파파 독" 뒤발리에와 같은 인물을 낳았다. 뒤발리에는 인종적 및 문화적 정체성을 아이티의 잔혹하고

---

11 Ferruccio Gambino, "The Transgression of a Laborer: Malcolm X in the Wilderness of America," *Radical History* (Winter 1993).

12 Malcolm X, *Malcolm X Speaks*, ed. George Breitman (New York: Grove Press, 1990), 69.

억압적인 부패한 독재정권을 뒷받침하는 이데올로기로 활용했다. 뉴턴은 이러한 종류의 민족주의와 블랙팬서당이 지지하는 민족주의 사이에 "경계선"을 그을 필요가 있다고 주장했다.

혁명적 민족주의와 반동적 민족주의라는 두 가지 민족주의가 있습니다. 혁명적 민족주의는 우선 인민 혁명이 인민들이 권력을 쥔다는being the people in power 최종 목표를 지녔는지에 달려 있습니다. 그러므로 혁명적 민족주의자가 되려면 반드시 사회주의자가 되어야 합니다. 반동적 민족주의자는 사회주의자가 아니며, 그는 인민의 억압을 최종 목표로 합니다.[13]

블랙팬서당의 또 다른 지도자 캐슬린 클리버는 어떻게 블랙팬서당의 혁명적 민족주의가 혁명적 투쟁을 매우 범인종적인 투쟁으로 이해하도록 이끌었는지 회고하였다.

인종주의적 양극화라는 세계에서 우리는 연대를 모색했다. … 우리는 무지개연합을 조직하여 우리의 우군을 한곳으로 모았다. 이 연합에는 푸에르토리코계 영로드Young Lords와, 블랙 P. 스톤레인저스Black P. Stone Rangers라 불린 청년 갱단, 치카노계 갈색베레모Brown Berets, 아시아계 의화권, 홍위당Red Guards만이 아니라 주로 백인으로 이루어진 평화자유당Peace and Freedom Party과 애팔래치아 출신 청년애국당Young Patriots Party이 있었다. 우리는 우리 세계가 조직된 방식에 이론적이자 실천적인 도전

---

13 Philip S. Foner, ed., *The Black Panthers Speak* (Boston: Da Capo Press, 1995), 50.

을 제기했다. 또한 우리는 남성과 여성이 함께 협력하였다.[14]

이는 휴이 뉴턴이 사회주의를 이해했던 방식이다. 즉 사회주의를 "권력을 쥔 인민people in power"으로 이해한다면 자명한 결론이다. 사회주의는 부의 재분배나 복지국가 옹호로만 요약될 수 없다. 사회주의는 이처럼 인민들의 정치권력이라는 시각에서 정의된다. 그러므로 사회주의는 백인우월주의에 대항하는 흑인 투쟁에 불가분한 구성 요소이며, 또한 반자본주의 투쟁은 흑인 자결권을 위한 투쟁과 결합해야 한다. 뉴턴이 지적하듯이, 미국의 역사를 공부하며 두 구조가 불가분하게 연결되어 있음을 살펴보면, 여기에 대한 의문들이 해소될 수 있다.

블랙팬서당은 혁명적 민족주의 단체이며, 우리는 이 나라의 자본주의와 우리의 이해관계 사이에 주요 모순이 있음을 알고 있다. 우리는 이 나라가 노예제를 바탕으로 매우 부유해지고 있으며, 노예제가 자본주의의 극단이라는 점을 인식한다. 우리에게는 자본주의와 인종주의라는 맞서 싸워야 할 두 가지 악이 있다. 우리는 인종주의와 자본주의를 모두 분쇄해야만 한다.[15]

이러한 통찰은 블랙팬서당만 갖고 있던 새로운 것이 아니었다. 자라 오면서 나는 시민권운동은 주류 청중들의 구미에

---

14 Kathleen Neal Cleaver, "Women, Power, and Revolution," in Kathleen Cleaver and George Katsiaficas, eds., *Liberation, Imagination and the Black Panther Party* (New York: Routledge, 2001), 125.

15 Foner, *Black Panthers Speak*, 51.

나 맞는 것으로 여겼고, 좀 더 호전적으로 보이는 블랙파워Black Power의 유산을 발견했다. 하지만 시민권운동이 지닌 혁명적 내용에 충성을 다해 온 학자들과 활동가들의 노고 덕분에, 시민권운동의 역량과 열망이 상처 입은 정체성에 대한 인정으로는 전혀 설명될 수 없다는 점이 명백해지고 있다. 니킬 팔 싱은 중요한 저서《흑인은 한 나라다》에서 다음과 같이 썼다. 시민권운동에 관한 지배적인 서사는 "인종주의에 대항하는 흑인 투쟁이 지닌 역사적 깊이와 이질성을 인식하지 못하였으며, 그 결과 흑인들의 행위성이 지닌 정치적 역량을 협소하게 만들고, 흑인 평등을 형식적, 법리적으로 보는 관점을 강화하였다."[16]

역사가 재클린 도드 홀이 "장기 시민권운동"을 분석하며 정교화하듯이, 마틴 루터 킹 주니어는 "1963년에 갇힌" 공허한 상징이 되었다. 홀이 관찰한 것처럼, 킹의 연설에 담긴 희망적 수사는 선별적으로만 인용되었다. 그 결과 연설 내용 중에서 인종주의를 제국주의와 연결시키는 분석을 통한 베트남 전쟁 반대, 노동조합 조직화에 대한 민주사회주의적 신념, 빈민 캠페인Poor People's Campaign 조율,[17] 킹이 멤피스에서 암살당했을 당시의 하수처리 노동자들의 파업에 대한 지지와 같은 내용들이 사라져 버렸다.[18]

16   Nikhil Pal Singh, *Black Is a Country* (Cambridge, MA: Harvard University Press, 2004).

17   [옮긴이] 1968년 워싱턴 D. C.에서 일어난 시위. 마틴 루터 킹은 빈민들이 마주한 실업과 주거 문제를 해결하기 위한 캠페인을 벌이기로 계획하였고, 여러 인종으로 이루어진 빈민들은 함께 워싱턴 D. C.로 행진하며 그들의 일자리와 소득을 위해 행동을 취할 것을 연방의회와 행정부에 요구했다.

18   Jacquelyn Dowd Hall, "The Long Civil Rights Movement and the Political Uses of the Past," *Journal of American History*, vol. 91, no. 4 (March 2005): 1234.

우리가 진실을 오도하고 제약하는 지배 서사를 무시한다면, 미국의 시민권운동이 실제로는 전후 유럽에서 일어난 대규모 노동자운동과 가장 가까운 사례라는 점이 명백히 드러난다. 유럽에서 이러한 운동들은 혁명적 프로젝트와 마르크스주의 이론의 발전을 구조화하였다.[19] 하지만 미국에서 이러한 운동은 발전하지 못하고 가로막혔다. 우리가 살펴보았듯, 많은 호전주의자들은 이 발전을 가로막는 일차적인 장애물이 백인우월주의라는 결론에 이르렀다.

그러나 사람들을 동원하는 이슈만 가지고는 그 운동을 반자본주의적으로 만들 수 없다. 더욱 중요한 점은 그 운동이 넓은 스펙트럼의 대중을 끌어오고, 이들의 자기 조직화를 가능하게 만듦으로써, 사람들이 스스로를 지배하고 자기 삶을 통제할 수 있는 사회를, 즉 자본주의에 의해 근본적으로 가로막힌 가능성을 만들어 내도록 모색할 수 있는지 여부이다. 그렇기에 흑인 자유 운동은 사회주의 운동에 가장 근접하였다. 트리니다드의 지식인이자 호전주의자 C. L. R. 제임스가 이야기하듯이, 흑인 자결권을 위한 여러 운동은 대중들의 자기 동원과 자기 조직화를 보여주었으며, 따라서 어느 사회주의 프로젝트보다도 가장 선두에 있던 "독립적인 투쟁"이었다.[20] 자동차 노동자이자 노동 조직가 제임스 보그스는 이러한 주장에서 더 나아갔

---

19   다음의 책은 이러한 역사를 잘 설명하고 있다. Geoff Eley, *Forging Democracy* (Oxford: Oxford University Press, 2002). [한국어판: 제프 일리, 《The Left 1848-2000: 미완의 기획, 유럽 좌파의 역사》, 유강은 옮김, 뿌리와이파리, 2008.]

20   C. L. R. James, "The Revolutionary Answer to the Negro Problem in the United States," in *C. L. R. James on the "Negro Question"*, ed. Scott McLemee (Jackson: University Press of Mississippi, 1996).

다. 그는 〈미국 혁명〉에서 다음과 같이 이야기한다.

> 미국 역사에서 노동운동이 쇠퇴기에 있던 이 시점에 흑인운
> 동은 고양기에 접어들었다. 이러한 사실에서 1955년부터 흑
> 인 투쟁의 발전과 가속이 흑인들을 미국의 상황을 지배하는
> 하나의 혁명적 세력으로 만들었다는 점을 마주보아야 한다.
> … 무계급 사회라는 목표는 정확히 흑인 투쟁의 심장부에 있
> 었고, 오늘날에도 그러하다. 흑인이야말로 무계급 사회를 향
> 한 혁명적 투쟁을 대표한다.[21]

또한 매우 반자본주의적인 역사와도 직접적인 연관점이
존재했다. 1930년대에 미국 공산당에서 많은 조직가들을 훈련
시켰고, 이후 시민권운동에 참여하는 많은 조직 네트워크를 확
립하였기 때문이다. 미국 공산당의 반인종주의 활동에 관한 주
요한 역사를 다룬 《망치와 괭이》를 쓴 로빈 D. G. 켈리가 이야
기하듯이, 공산당은 "앨라배마주에서 일어난 시민권운동이 되
는 … 기반"을 놓는 데 일조했다.[22] 예컨대 로자 파크스는 공산
당이 조직한 "스코츠버러 소년들Scottsboro Boys" 변호를 통해 정치
에 관여했다. 이 사건은 앨라배마주에서 흑인 소년 9명이 백인
여성 2명을 강간했다고 부당한 기소를 당한 후, 모두 백인으로

---

21 James Boggs, "The American Revolution" (1963), in Pages from a *Black Radical's Notebook*, ed. Stephen M. Ward (Detroit: Wayne State University Press, 2011), 136–37.

22 Michel Martin, interview with Robin D. G. Kelley, "How 'Communism' Brought Racial Equality to the South," National Public Radio, February 16, 2010.

이루어진 배심원에 의해 판결을 받은 사건이다.[23] 1940년대에는 흑인 급진주의자들과 노동조합 지도자들이 연합하여 "시민권노동조합운동"을 형성하였으며, 이 중에는 A. 필립 랜돌프와 같이 1960년대에 주요한 역할을 수행했던 인물들이 있었다. 재클린 도드 홀은 그들이 "공화국이 성립될 때부터 인종주의는 경제적 착취와 얽혀 있었다는 가정"을 바탕으로 활동했다는 점을 지적했다. 그들의 요구는 작업장 민주주의, 노동조합 임금률, 공정하고 완전한 고용뿐만 아니라 적정 가격의 주거, 참정권 부여, 교육의 평등, 보편적 의료 서비스를 포괄하였다.[24]

이것이 시민권운동의 첫 번째 단계였다. 이 운동은 매우 유명한 "고전적" 시기로 발전하면서, 변화하던 환경에 반응했고 전략과 조직상의 한계와 마주했다. 인종 억압은 법적 차별만이 아니라 도시 공간의 조직, 정치적 대표의 위계질서, 억압적 국가기구의 폭력, 경제적 배제 및 주변화와 얽혀 있었다.[25] 1950년대와 1960년대에 시민권을 얻기 위한 동원이 이뤄지고 1964년 시민권법과 1965년 투표권법이 제정되었으나, 이 놀라운 승리가 이와 같은 근본적인 구조를 뒤바꾸지는 못했다. 1965년 이후 대중 동원은 서로 다른 전략과 요구를 통합해야 했고, 블랙파워와 흑인민족주의라는 언어가 이러한 필요에 대응하였다.

---

23 [옮긴이] 스코츠버러 소년들에 대한 유죄 판결은 1932년 연방 대법원에서 피의자들이 변론할 기회를 박탈하는 적법 절차를 위반했다는 이유로 뒤집혔고, 1937년 앨라배마 검찰의 강간 혐의 기소도 취하되었다. 그러나 모든 피의자가 사면을 받은 것은 기소된 지 82년 뒤인 2013년의 일이었다.

24 Hall, "Long Civil Rights Movement," 1245.

25 Hall, "Long Civil Rights Movement," 1239–42.

초기의 투쟁은 언제나 복잡하고 얼룩덜룩했으며, 오늘날 칭송받는 남부의 비폭력 시위를 넘어서는 모습을 보여주었다. 무장투쟁은 비폭력 전술의 활용을 가능하게 한 중심적 역할을 했고, 미국 북부에서 일어난 운동은 메이슨-딕슨 라인 이남의 운동과 함께 등장했다. 하지만 흑인 공동체에서도 엘리트들이 이끄는 유색인지위향상협회NAACP와 같은 조직들은 이 투쟁이 지닌 혁명적 가능성으로부터 거리를 두고자 했고, 경제적 이슈로부터 벗어나 남부 지역의 법적 차별에 대항하는 싸움으로 자금과 지원을 돌렸다. 시간이 지나면서, 이러한 점들은 대중 동원이 일어날 수 있는 범위를 상당 부분 한정 지었다.

하지만 1960년대 동안 흑인 투쟁의 진원지는 북부 도심지에서 일어나는 도시 반란으로 옮겨 가기 시작했고, 관료들의 구속을 힘차게 박차고 나갔다. 흑인운동은 시민권법과 투표권법이 대처할 수 없었던 장애물을 극복할 새로운 형태의 자기 조직화를 모색했고, 흑인민족주의는 유망한 접근법을 제공했다. 여기서 민족주의는 정치적 관점을 의미했다. 흑인 활동가들은 백인 조직의 지도를 따르지 않고 스스로를 조직하였고, 백인 사회로의 진입을 모색하지 않고 새로운 제도를 건설했다.

그러나 민족주의적 동원이 지닌 모순은 휴이 뉴턴이 설명한 "반동적 민족주의" 형태로 나타났다. 이 반동적 민족주의를 대표하는 집단에는 론 카렌가의 US기구US Organization[26]가 있었고, 블랙팬서당은 US기구와 폭력적으로 충돌하였다. 뉴턴이 지적

---

26 [옮긴이] US기구는 론 카렌가가 로스앤젤레스를 중심으로 설립한 흑인민족주의 단체이다. 캘리포니아주에서 US기구는 블랙팬서당과 자주 충돌하였고, 1969년에는 캘리포니아 로스앤젤레스대학교에서 총격전을 벌이기도 하였다.

하듯이 반동적 민족주의는 인종 정체성이라는 이데올로기를 앞에 내세웠지만, 또한 반동적 민족주의는 어느 물질적 현상에 기반하고 있었다. 인종 분리의 철폐desegregation로 인해 흑인 사업가와 정치인 들이 이전에는 불가능했던 규모로 미국의 권력 구조 내부로 진입할 수 있게 되었고, 이 엘리트들은 인종적 연대를 자신의 계급적 위치를 숨기는 수단으로 활용할 수 있었다. 그들은 통합된 이해관계를 지닌 단일한 인종 공동체를 대표한다고 주장했지만, 현실에서 자신과 전혀 다른 이해관계를 지닌 흑인 노동자들의 요구를 억눌렀다.

그러므로 블랙팬서당은 두 가지 고민 속에서 항해해야 했다. 그들은 흑인들이 특히 인종을 이유로 억압받아 왔다는 점을 인식했으며, 그러므로 자율적으로 조직하여야 했다. 하지만 동시에 자본주의를 이야기하지 않고 인종주의만을 말한다면, 그것은 곧 인민들이 권력을 쥐는 것에 대해서는 이야기하지 않는다는 것이었다. 이는 단지 백인 경찰이 흑인 경찰로 대체되는 상황을 설정하는 것일 뿐이었다. 이것은 블랙팬서당에게는 해방이 아니었다.

하지만 미국은 그러한 상황과 가까워지고 있었고, 낙관주의적인 자유주의자들은 잠잠한 다문화주의가 대중운동, 봉기, 무장 세포 조직을 대체하는 것에 찬사를 보냈다. 수십 년 동안 반인종주의 운동의 유산은 버락 오바마와 빌 코스비 같은 개인이 경제적 혹은 정치적으로 승진하는 방향으로 흘러갔고, 이들은 여러 사회운동과 주변화된 공동체를 향한 공격을 주도하였다. 키앙가-야마타 테일러는《#흑인의생명은소중하다에서 흑인 해방으로》에서 이러한 현상에 주목하도록 요청한다. "지난 50년 동안 모든 흑인의 삶에 일어난 매우 중대한 변혁은 흑인 정치 계급에 의해 강화된 흑인 엘리트의 등장이며, 이 엘리트들은 흑인 구성원들의 지원을 받아 삭감을 집행하고 부족한 예산을 관리하는 역할을 맡아 왔다."[27]

물론, 흑인 공동체 안에 엘리트가 있다는 점은 그 자체로는 새로운 현상이 아니었다. 부커 T. 워싱턴의 기업가정신과 W. E. B. 듀보이스의 "재능 있는 10분의 1Talented Tenth" 사례는 차이가 있기는 하지만 흑인 엘리트가 지닌 정치적 잠재력에 일찍 투자를 한 사례였다. 그러나 테일러가 이야기하듯이, 이후 미국 정치의 역사와 흑인 자유 투쟁의 발전은 흑인 엘리트의 구조적 역할을 뒤바꾸어 왔다. 그가 프레디 그레이 살해 사건과 이후의 볼티모어 봉기를 분석하면서 지적하듯이, 우리는 반인종주의 투쟁의 고전적 어휘 목록을 만들어 낸 맥락으로부터 대단히 벗어났다.

아프리카계 미국인 사이에 계급 차이는 언제나 존재했지만, 이러한 계급 차이가 다수 흑인의 삶에 영향을 미치는 막대한 정치권력과 권위를 일궈 낸 소수의 흑인이라는 형태로 표현된 것은 이번이 처음이었다. 이 점은 계속되는 자유 투쟁에서 흑인 엘리트가 하는 역할—그리고 그들이 선 입장—에 관해 심각한 문제를 제기한다. 과장해서 말하는 것이 아니다. 흑인이

27 Keeanga-Yamahtta Taylor, *From #BlackLivesMatter to Black Liberation* (Chicago: Haymarket Books, 2016), 15, 80.

다수인 도시를 관리하는 흑인 시장은 흑인 여성이 이끄는 군부대를 동원해서 흑인 반란을 진압하도록 지원하였고, 그렇게 되면서 새로운 시기에 들어섰다.[28]

강단과 여러 사회운동 내부에서는 어느 누구도 반인종주의 유산을 포섭하는 일에 진지하게 도전하지 않았다. 인종적·경제적 억압을 일으키는 제도와 구조가 남아 있었음에도 불구하고, 지식인들과 활동가들은 정치를 우리의 언어를 단속하는 것으로, 즉 의문스럽지만 백인 죄의식white guilty[29]을 유발하는 것만으로도 만족하는 것으로 환원시켰다. 1993년 제임스 보그스가 되돌아보았듯 말이다.

1964년의 시민권법 이전에 우리는 돈이 있더라도 대부분 호텔에 갈 수 없었고 게토 밖에 있는 집을 살 수도 없었다. 오늘날 우리가 호텔에 가지 못하고 괜찮은 집을 살 수 없는 유일한 이유는 돈이 없기 때문이다. 하지만 우리는 여전히 인종 문제에 주목하고 있고, 그 점이 우리를 무력하게 하고 있다.[30]

이처럼 당황스러운 역사를 이해하려면 인종주의에 대항하여 투쟁했던 과거의 해방적인 대중운동과 다인종적 엘리트의 정치에 결부된 현대의 정체성 이데올로기 사이에 경계선을 그

---

28 Taylor, *From #BlackLivesMatter*, 80.

29 [옮긴이] 인종주의적 사회구조에 대해 백인들이 연대 책임을 느끼는 죄책감을 말한다.

30 James Boggs, "Beyond Civil Rights," 367.

을 필요가 있다. 이러한 문제가 있다는 점은 널리 알려졌지만, 그 문제를 건설적으로 논의하는 일은 꽤나 어렵다는 점이 드러났다. 정체성 정치에 대한 비판은 종종 타인의 경험에 한가롭게도 무지하거나 무심한 백인 남성에게서 나타난다. 경우에 따라 그 비판은 좌파 쪽에서 순수한 "경제적" 프로그램으로 생각되는 것과 함께할 수 없는 정치적 요구를 무시하기 위해 활용된다. 이 문제가 바로 컴바히강공동체가 다루고자 하였던 문제였다.

그러나 여기서 **정체성 정치**라는 용어는 이러한 어려움을 키우는 것으로 보인다. 종종 현대의 급진주의자들은 인종 이데올로기가 매우 엘리트주의적으로 표현된 것조차도 비판하기를 꺼린다. 그렇게 하면, 인종주의와 성차별주의에 대항하는 운동을 무시하는 것으로 보이기 때문이다. 다른 이들은 과감하게 정체성 정치에 단계적 차이를 나누려 시도하면서, 정체성 정치에는 최저선의 유효 투여양이 있고, 정체성 정치를 극단으로 끌고 갔을 때에만 문제들이 발생하는 것처럼 주장한다. 하지만 이러한 단계적 차이의 논리는 컴바히강공동체의 혁명적 풀뿌리 정치와 민주당 엘리트의 지배계급 정치라는 근본적으로 대립하는 적대적인 정치적 입장들이 등장한 점을 도저히 설명할 수 없다.

우리의 현대적인 정체성 범주는 그것 자체가 흐릿하기 때문에 이 경계를 흐려 놓았다. 웬디 브라운은 그것으로 인한 정치적 함정을 힘차게 증명하였는데, 다음과 같이 주장하였다. "우리가 정체성 정치라고 부르게 된 것은, 부분적으로는 자본주의에 대한 비판과 부르주아적인 문화적, 경제적 가치에 대한 비판이 쇠퇴해 온 것에 의존하고 있다." 브라운이 주장하듯이, 자본주의 비판에 근거하지 않고 정체성 주장을 내세운다면 다음과 같이 될 것이다.

> 인종, 섹슈얼리티, 젠더와 관련된 정체성 정치는 계급 정치를 보완하고, 억압과 해방이라는 좌파적 범주를 확장하고, 권력과 인격persons에 대한 진보적 정식화를 풍부하게 증대시키는 것이 아니라―실제로는 그러함에도 불구하고―정의를 부르주아적(남성우월주의적) 이상성을 그 기준으로 다시 기입하는 것으로 정식화하는 것에 얽매이게 될 것이다.[31]

달리 말하자면, 주변적 혹은 종속적 집단에서 나온 요구들이 정체성 정치로 코드화되면서 백인 남성 정체성은 중립, 일반, 보편의 지위를 차지하게 된다. 우리는 이것이 거짓이며―실제로는 백인 정체성 정치, 즉 백인민족주의가 존재한다―나중에 드러나듯이 백인성이란 인종 이데올로기의 원초적 형태라는 점을 알고 있다. 컴바히강공동체가 했던 것과 같은 반인종주의 투쟁은 이러한 패권적 정체성이 지녔다고 하는 보편성이 거짓되었다는 점을 밝혀낸다.

그러나 정체성 주장이 대중운동의 토양을 잃어버릴 때, 부르주아 남성우월주의의 이상ideal이 그 공백을 채우려 든다. 브라운이 썼듯, 이러한 이상은 "교육 및 직업의 기회, 계층 상승

---

31 Wendy Brown, *States of Injury* (Princeton, NJ: Princeton University Press, 1995), 59.

48

가능성, 자의적 폭력으로부터의 상대적인 보호, 노력에 맞는 보상을 의미한다." 이 이상이 의문시되지 않는다면, 유색인들은 다른 억압받는 집단과 마찬가지로 부르주아적 남성 우월주의의 이상으로 포용되는 방향으로 자신의 정치적 요구를 정교히 하지 않을 수 없다.

그저 사회구조로 포용되기를 요구하는 것은 구조적 변화가 일어날 가능성을 박탈하는 것을 의미한다. 브라운이 지적하듯이, 이 점은 "1970년대 이후 진보 담론을 특징짓는다고 이야기할 수 있는 자본주의의 재자연화renaturalization"가 그와 같은 정치를 가능케 했던 조건임을 의미한다.[32] 정치적 행위성을 허구적인 "중간 계급" 소속 자격과 동일시하는 것은 미국 사회의 모든 이들을 특징짓는 것처럼 여겨진다. 브라운이 주장하듯이, 중간 계급 자체는 "보수적 정체성"이며 "공상적인 과거, 즉 살기 좋았던 목가적이고 자유분방하며 부패하지 않은 (암시적으로 1955년 즈음에 위치한) 상상 속의 역사적 순간"과 관련되어 있다. 이데올로기로 볼 때 이 역사적 순간에 중심에 있던 것은 백인 남성 생계 부양자가 우두머리에 있는 핵가족이었다. 하지만 브라운이 지적하듯이 그 정체성은 역설적으로 "비계급적인nonclass 정체성이 자신의 배제나 상처를 증명하고자 연관시키는 이상"을 상징하게 되었다.

물론 백인 이성애자 중간 계급에게는 확대된 수혜로부터 배제되었다는 상처가 실재한다. 직업 안정성, 괴롭힘에서 벗어날 자유, 주거에 대한 접근성. 이 모든 것은 의미 있는 요구였

32 Brown, *States of Injury*, 59–60.

다. 하지만 문제는 "정치화된 정체성들"이 아래로부터의 반란이라는 맥락 속에서 이러한 요구를 제기하지 않는다는 점이다. 이 정치화된 정체성은 배상과 포용을 요구하는 것으로 구조화되어 있다. 브라운이 지적하듯이 "백인 남성우월주의적 중간계급이라는 이상에 의지하지 않는다면, 정치화된 정체성들은 자신들의 상처와 배제에 대한 상당히 많은 주장들, 즉 그것들의 차이가 지닌 정치적 중요성을 없애 버릴 것이다."[33]

나는 이러한 자본주의의 재자연화가 완전히 만들어 낸 세계에서 자라 왔다. 나는 정치화된 정체성에 무언가 불만족스러운 점을 느꼈지만, 일종의 미약한 변증법적인 양가감정을 넘어서 그 불만족을 다루는 방법을 전혀 찾을 수 없었다. 무엇보다 "고위직 유명 흑인들"이 해방을 의미하지는 않겠지만, 여전히 인종주의 사회로부터 심리적 트라우마를 겪어 온 사람들에게 이 성공한 흑인들을 보게 되는 것이 대단히 뜻깊은 일이라는 사실을 도저히 무시할 수 없었다. 내 인격이 형성되던 시기에, 텔레비전에서 본 나와 비슷하게 생긴 사람들은 모두 택시 운전사이거나 아랍인 테러리스트였다. (나는 여전히 왜 그들이 인도인에게 아랍인 테러리스트를 연기하도록 하는지 이해할 수 없다. 적어도 파키스탄인 테러리스트라고 할 수는 있지 않은가?) 모든 대통령은 백인이었다. 오바마에 별 관심이 없었음에도, 그가 선거에서 승리했을 때 나는 **단지 투표권**을 위해서 싸우다 죽은 흑인들을 떠올렸다. 그 생각이 나자 눈물이 났다. 정체성 이데올로기를 지닌 다문화적 부르주아는 필요악이었을까? 그들은

33 Brown, *States of Injury*, 61.

인종주의와 싸우기 위해 필요한 계급 간 동맹의 구성 요소일까?

때때로 나는 그렇다고 생각했다. 하지만 계속해서 사회운동에 참여하면서 생각을 바꿀 수밖에 없었다. 그렇기에 정체성 정치에 대한 비판을 시작한다고 해서, 우리가 살아가는 현대 세계를 만들어 온, 인종주의에 대항했던 컴바히강공동체와 대중운동이 남긴 유산을 버릴 의도가 전혀 없음을 밝히고 싶다. 오히려 나는 이 비판을 통해 우리가 불가피하게 마주하는 모순적인 현실을 다루고자 시도한다.

초기 형태의 정체성 정치는 혁명적인 정치적 실천을 이론화하였지만, 현대의 이데올로기적 형태의 정체성 정치는 개인주의적 방법에 근거한다. 정체성 정치는 인정에 대한 개인의 요구에 근거하며, 그 개인의 정체성을 출발점으로 삼는다. 그것은 이 정체성들을 당연한 것으로 보며, 모든 정체성이 사회적으로 구성되었다는 사실을 숨긴다. 그리고 우리 모두는 필연적으로 다른 모든 이들과 상이한 정체성을 지니고 있기 때문에, 정체성 정치는 집단적 자기 조직화가 일어날 가능성을 약화시킨다. 정체성 정치의 프레임워크는 정치를 공동체 참여가 아니라 개인으로서의 자아로, 억압적인 사회구조에 대항하는 집단적 투쟁을 벌이는 것이 아니라 개인으로서 인정을 획득하는 것으로 환원한다. 그 결과, 정체성 정치는 역설적으로 그것이 비판하고자 추진했던 바로 그 규범들을 강화하고 만다.

이러한 재정의가 극단적으로 보일 수도 있겠으나, 이와 같은 의미 변화는 정치적 언어에서 전형적으로 나타난다. 항상 정치적 언어가 정치적 실천과 명확히 일치하는 것은 아니다.

예를 들어, 민족주의와 같은 단어는 화해할 수 없는 분열을 결국 드러낸다. 궁극적으로 이 단어는 수정될 필요가 있으며, 우리는 새롭고 더욱 적절한 용어를 위해 이 단어를 포기해야 한다고 결정할 수도 있다. 더욱이 민족주의는 바로 바버라 스미스를 컴바히강공동체의 방향을 규정할 정치로 이끈 인식론적 장애물이었다. 그는 다음과 같이 회상했다.

1969년 가을에 저는 워싱턴 D. C.에서 대규모 반전 시위에 참여했습니다. ⋯ 저는 그 시위가 제가 갔던 마지막 시위였다고 생각합니다. 피츠버그대학교에서 흑인들이 뒤쪽에 있었던 여러 이유 중 하나는 제가 그들이 "백인다운" 것이라 이야기했던 것, 즉 반전운동에 참여했다는 사실에 관해서 수많은 형편없는 말이 있었기 때문이었습니다. ⋯ 그때는 흑인 여성으로서 장기말이 되지 않으면서 정치적으로 열성적인 사람이 되기가 매우 어려운 시기였습니다. ⋯ 사실 저는 흑인 조직 안에서도 민족주의와 가부장적 태도가 **매우** 강력했던 탓에, 다시는 정치적인 열성을 가지고 참여하지 못할 수도 있겠다고 상상했습니다.[34]

컴바히강공동체의 초창기 목표는 바로 이러한 모욕적이고 탈정치화하는 분열을 극복하는 것이었다. "저는 무수한 정체성과 모습을 지닌 우리 모두를 위한 공간이 있어야 한다고 확실히 믿고 있었습니다." 이후에 데미타 프레이지어는 다음과

---

34 Kimberly Springer, *Living for the Revolution* (Durham, NC: Duke University Press, 2005), 56.

같이 회고했다. (정체성 정치는) "정체성을 고정시키고 억제시키며 모든 이들에게 순응주의자가 되라고 요구할 위험을 안고 있다." 이러한 긴장은 컴바히강공동체 내부에도 존재했다. 단체 내부의 계급 차이는 민주적 조직 형태가 유지되는 데 큰 도전 과제였다. 프레이지어는 이렇게 회상했다.

계급은 저희가 살펴보았지만 무슨 수로도 포착할 수 없었던 또 다른 거대한 쟁점이었습니다. 저희는 저희만의 사회주의 성향에 근거한 분석과 사회주의적 민주주의의 세계관을 갖고 있었습니다. 하지만 돌이켜보면 저희들 중에는 배제되었다고 느낀 여성들이 많았습니다. 그들이 지도부의 교육적 배경과 특권을 갖고 있지 않다고 느꼈기 때문이었습니다.

다른 단체, 특히 페미니스트 단체와 관계를 맺는 문제도 마찬가지로 중요했다. 여성해방운동은 초창기부터 백인의 것으로 인식되어 왔고, 컴바히강공동체의 목적 중 일부는 흑인 여성들이 자신만의 페미니즘을 정교화할 수 있다는 점을 주장하는 것이었다. 하지만 그 주장이 반드시 백인 페미니스트로부터 엄격한 분리를 유지하는 것이거나, 게다가 고정된 흑인 정체성을 형성하는 것을 의미하지는 않았다. 프레이지어는 다음과 같이 말한다.

저를 항상 난처하게 했던 것들 중 하나는 제가 다문화적 페미니스트 조직, 즉 다문화적 페미니스트 운동의 일부가 되기를 바랐다는 점입니다. 그리고 저는 그러한 페미니스트 운동이 온전히 통합되고 있다고는 전혀 느끼지 못했습니다. … 컴바히강 공동체가 다른 단체와의 연합 활동을 하지 않은 것은 아니지만, 저희는 문화를 가로질러 이와 같은 연계를 만들어 내고 제가 바라듯이 가능한 한 그 연계를 굳건히 하지는 못했습니다.[35]

연대의 문제는 정치적 실천에서 여러 시행착오를 겪었던 누구든 절실하게 느끼고 있었다. 나는 여러 연대의 등장과 쇠퇴를 겪으면서 영국 흑인 문화 연구자 폴 길로이의 관점을 납득하게 되었다. "인종적 위계에 대항하는 행동은 오랫동안 이어진 '인종'이라는 생각을 향한 존중을 몰아냈을 때에야 더욱 효과적으로 나아갈 수 있다."[36]

---

35 Frazier, "Identity Politics," 13. 또한 다음 책도 보라. Winifred Breines, *The Trouble Between Us* (New York: Oxford University Press, 2006).

36 Paul Gilroy, *Against Race* (Cambridge, MA: Harvard University Press, 2000), 13.

2

인민 내부의 모순들

2003년 2월 15일, 600곳이 넘는 도시에서 1000~1500만 명이 미국의 이라크 침공에 항의하며 거리로 나섰다. 이 시위는 인류 역사상 가장 거대한 시위였다. 나 역시 거리로 나선 이들 중 하나였다. 나는 극소수 사람들이 펜실베이니아주립대학교에서 이라크 전쟁에 반대하는 조직화 활동을 할 때 처음으로 활동가로서 경험을 하게 되었다. 이 단체 안에서 인종은 반목을 일으키지 않았다. 흑인 반제국주의자들과 백인 반제국주의자들은 함께 시위를 조직했다. 몇몇 백인 활동가들은 무미아 아부자말[1]에 대해 배우며 급진화하였고, 이들은 자국의 인종주의가 해외의 제국주의와 연관되어 있다고 열성적으로 주장하였다. 분열을 겪기에 우리는 너무나 소수였다.

점령하라운동Occupy movement이 확산되던 무렵, 나는 캘리포니아 북부로 이사했다. 그곳에는 상당히 많은 분열을 수용할 정도로 좌파들이 많았다. 이 당시에 계급이 논제로 다뤄지던

[1] [옮긴이] 무미아 아부자말은 필라델피아 기자협회 회장이자 블랙팬서당 당원으로 활동하였으나, 1981년 경찰을 사살했다는 혐의로 사형을 선고받았다. 그가 살해를 하지 않았다는 증거들이 충분히 제시되었지만, 이는 법원에서 받아들여지지 않았고, 많은 인권 단체들이 이 불공정한 판결에 항의하였다. 그는 옥중에서 미국의 인종차별과 불공정한 사법 체계 등을 강력하게 비판하면서 대중에게 이름을 알렸다.

방식은 내가 여태까지 살면서 겪어 보지 않은 것이었기에 그것을 납득하기도 쉽지 않았다. 나는 더 많은 수의 마르크스주의자들과 교류했고, 가끔씩 반제국주의와 심지어 반인종주의가 시대에 뒤쳐졌다고 생각하는 백인 마르크스주의자들과 논쟁하기도 했다. 그들은 반전운동이 실패했고, 그 안에는 제3세계 권위주의 정권을 지지하는 종파들로 가득하게 되었다고 고집스레 주장했다. 반인종주의는 단지 슬로건에 지나지 않으며, 그 이유는 유색인종의 진정한 문제는 경제적 토대의 모순으로 설명될 수 있기 때문이라는 것이었다.

나는 이러한 주장을 이해할 수 없었고, 그게 마르크스주의와 어떤 관련이 있는지 전혀 알 수 없었다. 나는 사회주의가 "권력을 쥔 인민"이라는 뉴턴의 정의를 거부하도록 하는, 납득할 만한 이유를 보지 못했다. 그리고 내게는 사람들이 제국주의 및 인종주의적 억압에 저항하려고 스스로를 조직하면서도 그와 같은 권력을 쥐기 위해 노력하는 것으로 보였다. 비록 불확실한 역사 때문에 그들의 노력이 종종 갑작스럽게 끝나긴 했지만 말이다. 한동안 나는 좌파가 인종을 더욱 진지하게 다루어야 한다고 주장하는 데 매우 몰두했다.

내가 생각하기에, 실제로 인종은 점령하라운동의 주된 한계점이었다. 지역을점령하라Occupy the Hood와 같은 기획이 있었지만, 99퍼센트의 운동은 극빈층 지역에서는 전혀 주도권을 장악하지도, 운동의 구성원을 적절하게 다양화해내지도 못하는 것처럼 보였다. 그 결과, 언론사들은 점령하라운동을 백인 지향적 요구를 지닌 백인 주도 운동으로 보도하였다. 이와 같이 선전에서 패배한 것은 받아들이기 어려웠다. 흑인들이 약탈적인 대부업과 경기 침체가 낳은 여러 결과들로 인해 매우 심각한 피해를 입었을 뿐 아니라, 우리는 활용할 수 있는 흑인의 혁명적 유산도 갖고 있었다. 다인종적인 대중운동을 통해 현 체제와 맞서 싸우려면 인종, 지역, 제도의 경계를 넘나들 수 있어야 했다.

하지만 그런 일은 일어나지 않았고, 결과적으로 점령하라 운동은 사라졌다. 하지만 억압된 것의 귀환처럼 인종이라는 문제는 다시 돌아왔다. 2014년에 우리는 자유주의적 다문화주의가 얼마나 무력했는지 정확히 목격했다. 백악관에는 흑인 가족이 있었지만, 흑인 공동체에 대한 경찰 폭력은 멈추지 않았다. 뉘우칠 줄 모르는 백인 경찰관이 마이클 브라운이라는 흑인 청년에게 린치를 가하자 미주리주 퍼거슨시에서 불만이 폭발했고, 그 불만은 애틀랜타, 시카고, 필라델피아, 뉴욕, 오클랜드로 퍼져 나갔다.

이 순간 백인우월주의가 여전히 남아 있다는 사실만 드러난 것이 아니었다. 흑인 공동체의 계급 모순도 그만큼 명백히 드러났다. 알 샤프턴과 같은 흑인 정치 엘리트는 자제를 촉구했지만, 이 봉기는 계층 상승이라는 아메리칸드림을 꿈꾸는 흑인들을 위해 공간을 만드는 것을 넘어서는 요구를 가리키고 있었다. 흑인 청년들은 계속 투옥되거나 경찰에게 살해당했고, 흑인 공동체는 터무니없이 빈곤한 상태에 머물러 있었다. 거리의 반란자들은 샤프턴과 오바마와 협력한다고 해서 자신들의 투쟁이 진척되지는 않으리라고 분명히 보고 있었다. 이러한 모순과 긴장은 시간이 지나면서 심해지기만 했고, 뉴욕에서 에릭 가너가 사망한 비슷한 사건을 향한 분노와 섞이면서 '흑인의생명은소중하다'로 알려진 운동으로 합쳐졌다.

이 운동은 한 가지 핵심적인 혁명적 유산을 물려받았다. 바로 맬컴 엑스가 기념비적 연설 "풀뿌리 조직에 보내는 전언"에서 언급했던 유산이다. 그가 "집 노예house Negro"를 분석한 유명한 내용은 개인들이 자유주의적 타협으로 기울던 모습에 그저 수사적으로 반응한 게 아니었다. 그것은 흑인 지도부가 수행하는 구조적 역할과 이들에 의해 자율적 대중 행동에 가해진 탄압에 관하여 복잡한 분석을 시도했다. 맬컴은 다음과 같이 이야기한다. "그들은 당신을 통제한다. 그들은 당신을 가둔다. 그들은 당신을 플랜테이션에 머무르도록 해 왔다."[2] 코넬 웨스트가 지적하듯이, 퍼거슨 봉기는 이와 같은 흑인 엘리트들의 통제와 억제에 대항하는 새로운 반란이었다.

'흑인의생명은소중하다'라는 모멘텀은 놀랍도록 새로운 호전성을 등장시켰습니다. 검은 아메리카에서 신자유주의의 몽유병이 부서진 초기 징후이죠. 이러한 등장은 흑인 공동체의─정치·지성·종교─지도부 대다수가 영적으로 부패하고 도덕적으로 비겁하다는 점을 드러냅니다. 오바마의 신자유주의를 향한 진지한 비판을 가로막았던 근시안적인 출세주의와 만성적인 나르시시즘이 이제 공개적으로 드러났습니다. 이것은 용감한 청년들이 관료들 밑에서 무책임하게 구는 경찰로부터

2 Malcolm X, *Malcolm X Speaks*, 13.

총을 맞은 사람들에게 자신들의 사랑을 보여주려고 전차 앞에 선 덕분입니다.[3]

그래서 흑인의생명은소중하다 운동은 풀뿌리 조직으로부터 등장하였다. 따라서 이 운동은 계급과 인종 사이에 인위적으로 경계를 그리지 않았다. 에린 그레이는 이와 같은 "21세기의 혁명적 린치 반대 운동"을 분석하면서 다음과 같이 썼다. "분노한 사람들이 흑인들의 생명을 지키려고 조직한 여러 직접행동은 점차 반자본주의적으로 변해 갔다. 재산 손괴, 고속도로 점거, 주유소와 경찰서의 봉쇄, 월마트 같은 주요 기업의 폐쇄를 비롯하여 여러 직접행동이 일어났다."[4]

점령하라운동이 닿지 못했던 인구층이 스스로 동원되는 광경이 펼쳐지기도 했음에도, 이와 같은 초창기의 계급적 내용이 유지되고 발전하기가 항상 쉬운 일은 아니다. 실제로 반동적 경향이 등장했고, 언론사와 흑인 엘리트들은 이러한 경향을 키웠다. 그리고 흑인의생명은소중하다 운동과 현재 진행 중인 반자본주의 운동이 각자 상이하고 무관한 정체성들과 연관되어 있다고 여겨졌기 때문에, 이 경향은 그 둘 사이에 엄격한 장벽을 세우려고 하였다.

캘리포니아대학교 산타크루즈캠퍼스에서 나는 이와 같은 문제를 준비되지 않은 채로 마주했다. 그곳에서 흑인의생명은

---

3 George Souvlis and Cornel West, "Black America's Neo-liberal Sleepwalking Is Coming to an End," *openDemocracy* (June 2016).

4 Erin Gray, "When the Streets Run Red: For a 21st Century Anti-Lynching Movement," *Mute* (January 2015).

소중하다 운동이 등장하게 된 배경에는 바로 노동자-학생 연대가 주도했던 민영화 반대 운동이라는 맥락이 있었다. 점령하라운동이 일어난 직후 몇 년 동안—보건의료 노동자부터, 버스기사, 경비원, 교육 조교까지 모든 이들을 조직한—많은 노동조합에서 고강도 파업을 벌이며 캠퍼스를 폐쇄했고 계약 협상을 진행하였다. 이 노동조합을 지지했던 것은 어터너머스스튜던트Autonomous Students처럼 다양한 인종으로 이뤄진 좌파 단체 등의 학생 활동가들만이 아니라, (대중적으로 메차MEChA라고 알려진) 아스틀란치카노학생운동[5]과 같은 공동체 집단이었다.

물론 후자와 같은 집단은 민족주의가 고조되던 1960년대에 등장하였고, 이들은 캘리포니아에서 특히 고등교육 제도에 강력한 영향력을 갖고 있었다. 샌프란시스코주립대학교와 버클리대학교에 민족학ethnic studies 학부가 설립된 것은 제3세계해방전선이 벌인 학생 파업 때문이었다.

하지만 2014년 11월 캘리포니아대학교 평의회Board of Regents가 등록금을 27퍼센트 대폭 인상하기로 발표했을 때, 이러한 유산은 모순적인 것으로 드러났다. 나는 큰일이 일어날 거라고는 예상하지 못했다. 나는 사무실에 앉아 채점하고 있었고, 귀가하는 길에 잠시 집회에 참여할 예정이었다. 그때 나는 바깥에서 군중들의 목소리를 들었다. 옆 건물이 점거되었고 행정 직원들은 내쫓겼다. 계획이 바뀌었다.

---

5 [옮긴이] 아스틀란치카노학생운동Movimiento Estudiantil Chicano de Aztlan은 1960년대 시민권운동과 함께 멕시코계 미국인이 중심이 된 치카노 민족주의 운동이 성장하면서 등장한 정치 조직이다. 그 창립문인 "아스틀란 영적 계획"은 치카노가 민족주의를 통해 백인 문화로부터 벗어나 독립적인 공동체를 만들 것을 주장하였다.

점거는 일주일 정도 계속되다가 코넬 웨스트와 크리스 헤지스, 또한 전미트럭운송조합Teamsters이 캠퍼스를 방문하자 마무리되었다. 이제 막 에너지가 분출되고 난 뒤 대화를 시작해야 했다. 현 상황에 대한 분석을 논의하는 것은 끝나야 했고, 슬로건들이 전단지에 인쇄되었다. 놀라운 점은 인종 문제가 이 모든 행동과 관련된 모든 것을 장악한 방식이었다. 집회하는 사람들이 보기에 등록금 인상이 "유색인 학생들에게 가장 심각한 타격을 입힌다."고 말하는 편이 매우 효과적이었다.

하지만 이 주장은 정교해지지도 않았고 심지어 논거조차 없었다. 사실 대학이 소수자를 위해 시행하는 등록금 정책이라는 맥락을 고려하면, 전혀 맞지 않은 주장일 수도 있었다. 물론 이 주장에 여러 이유가 있을지도 모르겠다. 유색인 학생들이 경제 수준에 따라 분리된 거주지에서 자라나 마찬가지 방식으로 분리된 공립학교로 진학했기에, 등록금 대폭 인상으로 나타난 전반적인 민영화 추세에 가장 심하게 영향을 받는다고 주장할 수도 있다. 실제로 이 유색인 중 극빈층은 등록금을 내지 않지만 말이다. 하지만 등록금 대폭 인상 그 자체가 다소 인종에 따라 편향되었을 것이라는 고집스러운 주장은 캘리포니아대학교의 정책 변화에 깔려 있는 복잡한 셈법을 모호하게 만들었다. 그리고 그 주장은 이 운동을 수사적으로 막다른 곳으로—인종적으로 공정한 대학교 민영화는 받아들일 만한 것마냥—몰아넣었다.

이 운동은 이처럼 문제를 전혀 명료하지 않게 다루었을 뿐 아니라, 충격적이게도 **점령하다**occupy 혹은 **점령**occupation이라는 단어에 반대 의견을 제기하였다. 점령이라는 단어는 아르헨티나와 우루과이의 자주관리제 공장을 떠올리게 할 수도 있었지만, 오히려 아메리카 원주민 학살을 찬양한다는 혐의를 받았다. 과거 학계의 유행에서 벗어나서 **점령하다**라는 기표는 크리스토퍼 콜럼버스로부터 기원하는 한 가지 의미로 한정되었다. 이 단어가 다의어라는 주장은 개인을 모욕하는 것마냥 취급되며 거부되었다. 회의에서는 기호학 세미나에서나 일어날 법한 논쟁이 몇 시간 동안 이루어졌다. 그 회의에서 우리는 토론회와 집회, 워크숍을 계획하거나 잔업을 나눌 수도 있었다. 그 대신에 우리는 **탈취**takeover나 **장악**seizure과 같은 유의어를 찾으려고 활동가의 유의어 목록을 세세히 찾아야 했다.

하지만 상황은 더욱 악화되었다. 어수선한 총회에서는 권위주의적 관행을 둘러싸고 논쟁이 시작되었다. 총회에는 가장 많은 사람들이 모였지만, 주로 활동에 참여할 준비가 되어 들뜬 신입들로 가득했다. 하지만 그들은 곧 완전히 침묵하게 되었고, 민주적으로 논의되지 않은 지시를 받게 되었다. 많은 이들이 이러한 관행을 비판하는 목소리를 냈고, 그중에는 나도 있었다. 하지만 사회자 개개인들은 "POC"—즉 "유색인person of color"—였고, 총회가 완전히 해산되고 난 뒤에 사회자들이 인종주의자들에게 공격당했다는 웃음이 나올 정도로 근거 없는 소문이 돌기 시작했다. 이 소문을 없애는 것은 거의 불가능하게 되었다. 심지어 몇몇 평범한 지지자들은 점거occupation라는 이야기가 "안전지대"를 의미하지는 않는다는 말을 듣고는 더 이상 모습을 드러내지 않았다.

물론 이러한 불만이 갑자기 나온 것은 아니다. **마이크로어 그레션**microaggression[6]이라는 단어가 대중화되기 전부터, 나는 그와 같은 미묘한 인종주의와 그것이 낳은 인종적 편집증을 경험했다. 대학은 이 문제에 관한 탈정치적 담론을 촉진했다. 컴바히강공동체의 바버라 스미스가 최근 인터뷰에서 관찰하였듯이, "불행히도 정체성 정치가 그것이 지니게 될 깊이를 일부만 이해했던 학자들을 통해 청년들에게 소개되었기 때문에, 청년들도 정체성 정치에 대해 혼란스러워하고 있습니다. 트리거 워닝Trigger warnings[7]과 안전지대, 마이크로어그레션. 이것들이 모두 현실에 있기는 하지만, 핵심은 그것들이 우리가 주목했던 것이 아니라는 점입니다."[8]

하지만 이것들은 산타크루즈에서 주목을 받게 되었다. 몇몇 사람들은 백인 아나키스트라는 허구의 무리에 맞선다는 모습을 보이며 분리주의적인 POC 회의를 조직하기 시작했다. 나는 내 피부색 때문에 이 회의에 들어갈 수 있었다. 당황스러운 여러 정치적 입장을 듣고 난 뒤―한 학생은 시위하는 학생들이 캠퍼스의 다양성 사업을 약화시키려 시도한다는 음모론적인 혐의를 제기하는 행정 직원이 보낸 이메일을 큰소리로 낭독했다―나는 회의에 개입할 필요가 있다고 느꼈다. 나는 자리에서 일어나 최선을 다해 몇몇 수사학적 악마를 소환하려 했다. 나

---

6 [옮긴이] 일상생활에서 노골적이지는 않으면서도 미묘한 방식으로 일어나는 모욕과 차별 등을 일컫는 말.

7 [옮긴이] 누군가에게 트라우마를 불러 일으킬 만한 무언가를 보여주기 전에 하는 경고.

8 다음에서 인용하였다. Taylor, ed., *How We Get Free*, 60.

는 맬컴 엑스를 떠올렸고 그가 항상 이인칭으로 말했다는 점을 떠올렸다. ("자네는 혁명이 무엇인지 알지 못해!") 나는 프란츠 파농과 같은 이름을 들먹이며, 이 완전히 이질적인 집단에게 POC 활동을 그만두고 더 나은 운동을 만들도록 힘쓸 것을 설득하려 했다. 나를 보던 몇몇 이들은 가끔씩 내 웅변에서 나타난 과장된 동작에 감탄하며, 손가락을 튕기며 동의를 보냈다. 그러고서 내가 이야기한 것은 무시되었다.

나는 너무 절망하여 POC 회의에 계속 참석할 수 없었다. 겨우 네다섯 명에 불과했지만 몇몇 이데올로그들이 무리를 짓고 있었고, 그들은 매우 목소리가 높고 열정적이었기 때문에 젊고 머뭇거리는 신입들을 끌고 다녔다. 스스로 지명한 지도부는 회의를 몇 번 하는 것만으로는 충분하지 않다고 결정했다. 지도부는 "POC 간부 회의"로 다시 탄생했고, 그들은 특별 총회를 소집했다. 이들은 이 총회에서 상당한 불협화음을 일으켰고, 자신들은 백인 주도적인 등록금 인상 반대 운동이 지닌 인종주의에 반대한다며 분리를 선언했다. 여러 인종으로 이루어진 소수의 군중은 다소 혼란스러워하며 이 상황을 바라보았다. 분리파가 연설을 마치고 문 밖으로 걸어 나갔기 때문에, 우리는 그들에게 질문하거나 논쟁할 수 없었다. 이때 나는 "POC"로서 이러한 불화 유발과 방종에 반대한다고 공개적으로 선언할 개인적인 책임을 지고 있다고 확신하였다. 나는 다시 일어난 뒤 고함치고 원을 그리며 서성였고, 그들을 네이션오브이슬람에 비교했다. 나는 활동가 전체 메일로 분노로 찬 이메일을 수없이 썼고, 한 이메일에서는 다음과 같이 논평했다. "동료 유색인 활동가에게 이야기합니다. 우리는 반동적 민족주의자들이 우리를 대변하게 두지 않을 것입니다. 그리고 혁명적 반인종주의 운동의 유산을 되찾기 시작할 필요가 있습니다."

산타크루즈 점거의 핵심 조직가들 중 다수는 유색인이었고, 그들은 이 분열 뒤에 자리잡은 이데올로기가 활동가 문화를 꼭두각시 인형극이 되도록 한다는 점을 재빨리 알아차렸다. 그들은 편지를 쓰면서, 캠퍼스 점거와 더 나아가 캠퍼스 안에서 이뤄지는 모든 조직화 활동이 "백인의 영역"에 속한다는 혐의가 퍼지는 것에 대응했다. 그 편지가 지적하듯이, 그러한 수사는 점거를 조직한 유색인 활동가들을 완전히 보이지 않게할 뿐 아니라, 객관적으로 보았을 때 등록금을 인상하겠다고 위협하며 터무니없는 인상폭을 말하는 대학 본부를 이롭게 한다. 이러한 사고방식이 퍼진다면, 운동은 "앞에서는 웃지만 뒤에서는 칼로 찌를, 구색 맞추기로 고용된 POC 행정 직원들과 협력"하는 것으로 분열될 수 있다. 분노에 찬 편지는 다음과 같이 강조하며 선언했다. **"우리는 이런 독소같은 문화가 등록금 대폭 인상에 대항하는 자율적 운동을 약화시키는 것을 결코 좌시할 수 없습니다."**

일종의 세계사적 장난처럼, 우리가 이 분열을 받아들였을 때 퍼거슨시에서는 모든 것이 무너졌다. 대배심은 마이클 브라운을 살해한 백인 경찰 대런 윌슨을 기소하지 않기로 결정하였다. 우리가 보기에, 우리의 운동을 포함한 미국의 사회운동이 형사법 체계가 이렇게 인종주의를 노골적으로 드러내는 것에 대응해야 한다는 점은 분명했다. 하지만 정체성 정치의 최근 흐름은 경찰 폭력과 고등교육 접근성과 같은 여러 쟁점 사이에 사실상 다리를 놓지 못하게 만들었다.

1990년대에 우리는 모든 주변화된 정체성 인정 요구가 인정받고 존중받아야 한다는 생각에 익숙해져 갔다. 종종 **교차성**이라는 유행어는 담론상의 에티켓을 요약하였고, 법학에서 기원한 이 용어는 지적으로는 오늘날 "아브라카다브라"나 "변증법"과 비견되는 기능을 한다. 1989년 킴벌레 크렌쇼가 이 용어를 도입했을 때, 그것은 엄밀하고 한정적인 의미를 갖고 있었다. 크렌쇼는 "법원이 흑인 여성 원고의 이야기를 어떻게 틀 짓고 해석하는지" 검토하기 시작했다. 그가 인용한 법원의 판례는 차별 반대 소송이 "소송의 원인이 인종차별적인지 성차별적인지에 대한 진술을 검토해야 하며, 양자 모두가 원인이라 해서는 안 된다."고 결정하였다. 그는 나아가 이 구체적인 법률적 문제를 컴바히강공동체가 이미 다루었던 일반적인 문제와 연결시킨다. 단일 쟁점 정치 프레임워크는 한 집단의 가장 특권적인 구성원을 중심에 두고 그들에게 다른 형태의 예속화로 드러나는 정체성을 지닌 이들을 주변화하게 만들 수 있다.[9]

그러나 캠퍼스 활동가들이 사용하는 "교차성" 용법은 그 반대 방향을 향하여, 컴바히강공동체의 연대 형성이라는 실천에서 후퇴하고 오히려 원고의 조건을 일반화하는 것으로 보인다. 즉, 정치적 실천을 상처에 대한 배상 요구와 동일시하며, 이 동일시에 의해 어느 한 개인이 소속되었을 장황하고 상이한 정

9 Kimberle Crenshaw, "Demarginalizing the Intersection of Race and Sex: A Black Feminist Critique of Antidiscrimination Doctrine, Feminist Theory and Antiracist Politics," *University of Chicago Legal Forum*, vol. 1989, no. 1 (1989): 141.

체성들은 일그러지고 쉽게 다룰 수 없는 여러 교차점들을 만들어 낸다. 가장 많은 교차점을 지닌 선에 해당하는 정체성을 지닌 이들은 가장 상처 입은 이의 지위를 요구할 수 있으며, 그러므로 이제 정치를 대체한 법률적 프레임워크 안에서 이들은 담론과 제도상의 보호를 받는다. 이 피보호자의 지위 안에는 자율적 조직화를 통해 등장할 정치적 주체성도, 성공적인 정치적 행동에 참여할 수 있는 연합이 필요로 하는 연대도 없다.

게다가 급진적인 학생들이 경찰 폭력을 중심으로 조직을 시도하자, 이 시도에 대해 흑인으로 정체화되지 않은 집단이 이 쟁점을 다룰 수 있도록 허용해야 하는지를 따지는 반응이 바로 나타났다. 그 결과 흑인으로 정체화된 집단은 드러눕기 시위를 몇 번 벌였지만─적어도 흑인, 백인, 멕시코인, 푸에르토리코인, 도미니카인, 인도인, 이란인, 유대인 활동가를 포함한─급진적인 연합은 그 규모가 크게 줄어들었다.

이러한 모습은 전국에서 조직적으로 나타났고, 여기에는 흑인분리주의와 흑인예외주의가 출발점으로 가정되고 있었다. 우리들이 참석했던 오클랜드에서 있었던 어느 행진에서, 집회를 주도했던 정치인들과 비영리 단체 관료들은 백인 "외부 선동꾼"이 폭력을 선동할 것이라고 경고하였다. 그들은 오로지 흑인만이 마이크를 쥐고 지도하는 역할을 해야 하며 행진의 맨 앞에는 흑인들이, 백인 "동조자allies"들은 맨 마지막에, "갈색인"들은 중간에 있어야 한다고 말했다.

이 맥락에서 "갈색인"은 "흑인"과 "백인"이라는 지배적인 범주에서 배제된 모든 이들을 의미하는 것으로 가정된다. 실제로 갈색인은 우리의 인구 지형을 따질 경우 이민자 인구층의 다수를 차지한다. 마리 갓샬크가 〈보스턴 리뷰〉에서 썼듯 "교도소 국가는 … 이민자들을 체포, 억류, 처벌, 추방할 수 있는 능력을 급격히 증대하여 왔다." 이 점을 고려할 때, 갈색인들이 형사법 체계를 겨냥한 운동에서 말 그대로 부차적인 역할만을 수행할 수 있다는 주장에 혼란을 느끼지 않고 반응하기란 어려운 일이다.[10]

혹인이 주도하는 조직들 내부는 정치적으로 분열되어 있지만—일부 조직은 흑인 부르주아라는 엘리트들의 이해관계를 대변하고, 노골적으로 풀뿌리 조직의 호전성을 억누르는 방법을 모색한다—오로지 흑인 주도적 조직만이 "자신들만의" 쟁점을 중심으로 조직할 수 있다는 가정은 매우 해로운 결과를 낳게 되었다. 지식인들 사이에 프랭크 윌더슨의 소위 아프로페시미즘Afro-pessimism[11]이 우세해지면서, 가장 반동적인 분리주의적 경향이 유사 철학의 지위를 지니게 되었다. 이러한 흐름을 근본적으로 드러내는 증상은 **반흑인성**antiblackness이라는 용어가 **인종주의**를 대체하고 확산된 것이었다. 보다 일상적인 용어인 후자는 억압받는 집단을 단결시키는 반인종주의 투쟁을 암시한다. 반면 "반흑인성"이라는 문제틀은 분리주의적인 흑인 예외주의의 관점을 급진화하고 존재론화하면서, **유색인**이라는 용어에 담긴 연대를 향한 최소한의 몸짓조차 거부하였다.

---

10 Marie Gottschalk, "The Folly of Neoliberal Prison Reform," *Boston Review* (June 2015).

11 [옮긴이] 인종주의와 식민주의 등의 구조적인 결과들이 아프리카와 아프리카계 미국인이 겪는 부정적 경험으로 이어지는 것에 주목하는 지적 흐름을 말한다.

이 문제틀은 그람시에 대한 의문스러운 해석과 함께 노예제의 역사 서술을 근거로, "흑인성"이 "사회적 죽음", 즉 태초부터 노예에게 부과된 정치성 상실과 총체적 지배에 기반한다고 주장한다. 하지만, 이 용어를 처음으로 쓴 사회학자 올랜도 패터슨은 인종화되지 않은 것을 포함하여 모든 형태의 노예제를 정의하고자 흑인성이라는 용어를 사용했다.[12] 이 주장에서 윌더슨은 "백인" 시민사회 전체가 이와 같은 절대적 폭력 위에 만들어졌다는 추론을 도출한다. 이 절대적 폭력의 모든 역사는 백인들이 흑인의 고통을 즐긴다는 가정에서 나온 결과로 환원된다. 즉 바버라 필즈의 독창적인 표현에 따르면 "노예제의 중요한 문제가 목화, 설탕, 쌀, 담배의 생산이 아니라 백인우월주의의 생산인 것처럼" 역사는 환원된다.[13]

여러 인종 단결 이데올로기가 저항적인 대중 정치의 발전을 가로막는 명백한 장애물 역할을 하기 때문에, 지식인들이 흑인성과 반흑인성이라는 극단적으로 보이는 언어를 통해 현체제와 화해하도록 이끌린다는 점은 놀랄 일이 아니다. 물론 아프로페시미즘 담론은 매우 비판적인 논조로 흑인 정치 계급을 논의한다. 하지만 이러한 비판은 그 비판을 처음으로 등장하게 한 정치적 동학을 다시 만들어 낸다. 흑인 지도자들은 연합주의coalitionism를 이유로 혹평받지만, 그와 같은 비판은 이 흑인 지도자들의 계급적 지위를 모호하게 하는 인종 단결 이데올로

---

12 다음을 보라. Frank Wilderson III, "Gramsci's Black Marx: Whither the Slave in Civil Society?" *Social Identities*, vol. 9, no. 2 (2003).

13 Karen E. Fields and Barbara J. Fields, *Racecraft* (New York: Verso, 2014), 117.

기를 강화한다. 흑인 지도자들이 흑인들에게 상당한 시민권을 주기 위해 추진하는 개혁주의적 프로그램은 과거 인종 통합에 대한 비판을 연상시키는 언어를 통해 거부되지만, 이러한 거부는 인종 분리 정책이 끝난 뒤에도 일어나고 있던 흑인 엘리트의 정치적 편입을 모호하게 한다.[14] 윌더슨의 아프로페시미즘에서 흑인성 이데올로기는 현실에서 오늘날 전혀 "백인"의 것이 아닌 "시민사회"로 흑인 엘리트가 편입되는 모습을 부인하는 역할을 한다. 인종적으로 통합된 지배계급이 백인우월주의가 낳는 치명적인 영향력을 행사할 때, 흑인성은 반정치의 진공을 차지하고 손쉽게 주변성을 수행하는 주체의 지위에 있게 된다.

분리주의 이데올로기는 주변화된 이들 사이에서 단결, 즉 그들이 겪는 주변화를 현실적으로 극복할 수 있는 단결이 형성되지 못하게 한다. 2014년 한 라디오 인터뷰에서 프랭크 윌더슨은 퍼거슨시에서 흑인들이 겪은 경험을 팔레스타인 사람들의 경험과 비교할 수 있다는 관점을 공격했다. 그는 이러한 시각이 나온 것을 "반동적인 백인 우파 시민사회와 소위 진보적인 유색인 시민사회" 탓으로 돌리며 다음과 같이 선언한다. "그 말은 그저 헛소리일 뿐입니다. 첫 번째, 어떤 시기에도 흑인 단속과 노예 지배는 종식된 적이 없습니다. 두 번째, 아랍인과 유대인은 다른 이들처럼—사회적 죽음으로서의 흑인성을 창조한—흑인 노예무역에 많이 가담했습니다. … 반흑인성은 유대인의 정신적 삶만큼이나 아랍인의 정신적 삶이 형성되는 데에

---

14 한 라디오 인터뷰에서 윌더슨은 샤프턴과 흑인 지도부가 보여준 반응은 '흑인들의 분노에 대한 조절'이며, 연대자들을 '반흑인 진영'이라고 묘사한다. *IMIXWHATILIKE!*, "Irreconcilable Anti-Blackness and Police Violence" (October 2014).

도 중요하고 필수적입니다."[15]

월더슨이 신보수주의자처럼 오리엔탈리즘 가득한 당혹스러운 비유를 하는 것을 반복해서 듣다 보면, 퍼거슨시 활동가들이 팔레스타인 사람들과 긴밀히 접촉해 왔다는 사실을 알아차릴 수 없을 것이다. 이들은 둘 다 똑같이 최루탄을 맞고 있음을 지적하였고, 고된 경험으로 얻은 시가전 전술을 공유했다. 팔레스타인의 많은 활동가와 조직에서 서명한 연대 성명은 다음과 같이 선언했다. "우리는 블랙파워의 주먹을 치켜올리며 퍼거슨 사람들에게 경의를 표하고 정의를 위한 그들의 요구에 함께한다." 1월에 한 활동가 집단이 팔레스타인을 방문한 것으로 이 연대는 되돌아왔다.

흑인의생명은소중하다 운동이 정점에 이르렀을 때, 아프로페시미즘의 언어는 빠르게 트위터와 텀블러로 퍼져 나갔다. 이 언어는 많은 활동가들로 하여금 "흑인의 신체"에 부과된 고통을 통해 경찰 폭력을 설명하고, 흑인의 신체라는 단어가 죽음이라는 범주를 독점하도록 이끌었다. 이는 다소 당황스러운 단어 선택이었다. 그 당시에 퍼거슨시에서 벌어지던 흑인 투쟁은 고통을 받아들이기를 거부하는, 즉 죽음을 거부하는 전 세계에서 일어나는 투쟁의 일부를 이루고 있었기 때문이었다. 로빈 D. G. 켈리는 다음과 같이 지적한다.

> 트라우마를 통해 흑인의 경험을 독해하는 것은 쉽게 우리 자신을 행위자가 아닌 피해자나 객체로 생각하게 하고, 수세기 동안

15 *IMIXWHATILIKE!*, "Irreconcilable Anti-Blackness."

우리 존재를 구조 짓고 과잉결정해 온 불필요한 폭력에 예속되어 온 것으로 생각하기 쉽게 만든다. 우리 시대의 은어에서 "신체"—취약하고 위협받는 신체—는 점점 이름과 경험, 꿈, 욕망을 지닌 현실의 사람들을 대신하고 있다.

하지만 켈리가 지적하듯이 사실 "노예가 된 아프리카 사람들을 지탱해 온 것은 **자유에 대한 기억**과, 그 자유를 장악하려는 꿈, 그 꿈을 일으키려는 음모였다." 이 저항의 유산은 "흑인의 신체"라는 수사로 인해 지워진다. 더 나아가 켈리는 다음과 같이 주장한다.

단순히 우리가 그렇게 **보고 느끼기** 때문에 국가 폭력을 반흑인성의 표명이라고 주장한다면, 몇 가지 형이상학적 설명에 의지하지 않는 한 우리는 국가에 관한 어떤 이론을 갖지 못할 것이고, 경찰 대부분이 흑인이었던 애틀랜타와 디트로이트 같은 곳에서 일어난 인종화된 경찰 폭력을 이해할 방법도 없을 것이다.[16]

여기서 우리는 문제의 핵심에 도달한다. 이 "형이상학적 설명"—고전적인 형태의 이데올로기적 미신—은 국가의 사회적 관계만이 아니라, 대중 반란과 이 반란을 대변한다고 주장하는 신흥 흑인 엘리트 사이의 모순을 모호하게 한다. 윌더슨이 주장하기를, 아프로페시미즘이 더 나은 세계를 건설하는 게 아

---

16 Robin D.G. Kelley, "Black Study, Black Struggle," *Boston Review* (March 2016).

니라 "세계를 파괴"하려고 모색하는 이유는 바로 세계가 어쩔수 없이 "반흑인성" 위에 만들어져 있기 때문이다. 현실에서 아프로페시미즘은 퍼거슨시 등지에서 신흥 관료들을 뒷받침하는 이데올로기의 역할을 해 왔다. 이는 급진적으로 보이는 분리주의적인 수사와 엘리트 지도부의 개혁주의가 대중운동을건설할 가능성을 배제하는 방향으로 수렴되었기 때문이다. 상당수의 언론 플레이를 받은 흑인의생명은소중하다 운동의 "대표자들" 중에는 미국을위한교육Teach for America의 세인트루이스시 전무 이사가 있었다. 미국을위한교육은 교육 민영화를 주도하고 교사노동조합을 공격하는 역할을 해 왔다. 실제로 열정적으로 차터스쿨[17]과 시험을 지지하는 교육부 장관 안 덩컨이 퍼거슨시를 방문했을 때, 이 "대표자" 집단은—백인 시민사회든 아니든—열광하며 그를 만났다. 그러한 경향이 계속 억제되지 않는다면, 빈곤층의 흑인 학생들이 공립학교를 다니거나 복리후생이잘 되어 있는 직장을 잡기를 기대할 수 있는, 그런 세계만 파괴될것이다.

산타크루즈에서 정체성 이데올로기로 인해 우리는 진정한해방 프로젝트로부터 더욱더 멀어졌다. 그 결과는 운동의 해체만이 아니라 퇴행적인 정치적 파편화였다. 신뢰할 만한 정체성에 근거한identitarian 주장이 없었기 때문에, 등록금 대폭 인상 반대 운동과 같은 신자유주의 반대 투쟁은 인위적으로 "인종" 쟁

---

17 [옮긴이] 정부 지원금을 직·간접적으로 받아 민간에서 운용되는 학교를 말한다. 미국에서 공립학교와 경쟁하여 초·중등교육의 질을 높이고 저소득층 학생들에 대한 교육 접근성을 높이기 위해 도입되었다. 그러나 차터스쿨을 비판하는 이들은, 차터스쿨에 진학한 학생들이 비효율적이고 질 낮은 교육 서비스를 받고 있으며, 차터스쿨 교사들도 좋지 않은 처우를 받고 있다고 지적한다.

점과 분리되었다. "유색인" 활동가들은 경찰의 만행, 민족학, 탈식민 이론에 주목할 것이다. 늘어나는 생계비, 교육 민영화, 일자리 불안정 따위는 "백인"의 쟁점이 되었다. 불안에 떠는 백인 평론가들이 정체성 정치가 현 체제에 대한 극단적인 반대라고 표현했을 때, 나는 이 분리가 얼마나 엄청난 실수였는지 깨닫기 시작했다. 이 경험을 통해 나는 오히려 정체성 정치가 지배 이데올로기에 통합되어 있다는 점을 알았다. 정체성 정치는 반대를 불가능하게 만든다. 우리는 정체성 정치에 사로잡혀, 지배계급과 정치 엘리트의 인종 통합이 정치 행동의 영역을 돌이킬 수 없을 정도로 바꾸어 놨다는 점을 인식하지 못했다.

매우 열성적인 활동가들과 모여 일주일 동안 정치 논쟁을 하면서, 우리는 "한 흑인 편집자"가 존 왓슨과 했던 인터뷰를 함께 읽고 논의했다. 존 왓슨은 혁명적흑인노동자연맹에서 발간하는 신문이 조직화 기능을 지니고 있다고 설명한다. 이제는 신문을 발간하고 판매하는 일이 최신 전술은 아니지만, 그 활동을 통해 다루고자 했던 문제는 꽤 현대적으로 보인다.

1960년 혹은 1959년까지 거슬러 가면 여러 단일 쟁점 조직에 참여하는 사람들이 있었고, 이 조직들은 싯인sit-in 캠페인[18]이나 과잉 진압, 전쟁, 평화운동과 같이 몇 가지 특정 목표를 갖고 있었습니다. 이 조직들은 각자의 삶—내부의 조직 활동을 하였고, 수많은 사람들이 이 체제에 맞서 구체적으로 활동했습니다. 하지만 그 조직들은 스스로를 지탱할 수 없었고 무너지게 되었습니

18 [옮긴이] 인종 분리 정책이 지속되던 시기에 흑인 시민권 활동가들이 백인 전용 식당에 앉아 주문하던 캠페인 활동을 말한다.

다. 그리고 그 뒤에는 새로운 솟구침이, 새로운 조직들이 등장했습니다. 이 운동은 물결 같은 성격이 있어서 밀물과 썰물이 있었습니다. 그리고 이 운동은 여러 가지 단일 쟁점을 갖고 있었기 때문에 명확한 이데올로기를 갖고 있지 않았습니다.[19]

모든 것을 다시 생각하고, 어떻게 현재에 이르렀는지 배우며, 우리의 역사를 복원하려 노력하고, 다른 접근법들을 찾는 임무를 제쳐 둘 수 없었다. 어떻게 하면 인종주의에 대항하는 풀뿌리운동이 바로 반인종주의의 언어로 인해 약화되던 시기의 과거 대중운동으로부터 우리의 현재 상황까지의 거리를 이해할 수 있을까? 우리는 반인종주의 운동의 역사를 학습하는 모임을 조직하고, 광활한 역사적 문헌 중에서 몇 가지를 추려서 읽었다. 그 결과, 이 문헌들을 가지고《흑인 급진주의 전통 읽기》라는 책의 기초를 만들었고, 오클랜드, 필라델피아, 뉴욕 등지에 독서 그룹을 낳았다.[20]

우리가 마주했던 문제란 새로운 이데올로기를 형성하려면 이 끈질긴 이데올로기와 맞서야 한다는 점이었다. 그리고 "인종"은 모든 이데올로기 중에서도 매우 끈질긴 것이었다.

19 John Watson, "Black Editor: An Interview," *Radical America*, vol. 2, no. 4 (July–August 1968): 30–31.

20 Ben Mabie, Erin Gray, and Asad Haider (eds.), *Black Radical Tradition: A Reader* (New York: Verso, forthcoming).

3
인종 이데올로기

정체성 정치 담론은 인종을 고정적인 존재로 제시하지만 인종은 그 담론조차도 명확히 정의하기 매우 어려운 범주이다. 이 범주의 미끄러움을 매우 당황스럽게 드러내는 것은 바로 정체성 정치를 비판하는 유색인에 대한 반응이다. 예를 들어, 인종을 진지하게 다루지 못한 "백인 사회주의자들" 목록에 내 이름이 올라오고는 한다. 물론 이것이 정체성 정치의 독특한 점은 아니다. 조 바이든이 버락 오바마에 관해 말할 때처럼, 백인들은 자신과 사회적으로 교류하고 "깨끗"하고 "논리정연"한 누구든 "백인"의 범주에 포함되어야 한다고 가정하는 경향이 있다. 필라델피아주 어딘가의 에티오피아 바에서 한 백인 남성이 내게 말을 걸었던 게 기억난다. 그는 어떻게 모든 "유색인"이 다른 방으로 분리 배정segregated될 수 있냐며 충격적이라고 이야기했다. 내가 보기에 그 바에서 에티오피아인 단골 손님들은 잘난체하는 백인 자유주의자들의 방해를 받지 않고 축구를 볼 수 있어서 매우 행복했다. 다른 한편으로 나는 내 모습과, 그 밖의 많은 유색인 친구들의 모습이 중요하게 여겨지지 않았다는 점에서 오히려 불행했다.

물론, 가장 충격적인 점은 이러한 화이트워싱whitewashing[1]이 일관되게 적용되지 않는다는 사실이다. 내가 터키 항공사를 통해 존 F. 케네디 국제공항으로 돌아갔을 때, 화이트워싱은 일어나지 않았다. 무장 경비원들은 무슬림 이름을 쓰는 남성 모두를 뒤편의 불길한 방으로 데려갔고, 그곳에서 우리는 몇 시간 동안 기다리고 난 뒤에야 자신의 여행 계획에 관해 면접을 볼 수 있었다. 내가 면도를 하지 않고 비행기를 타는 것이 편해지기까지 수년이 걸렸다.

여러 사회운동에서, 이러한 비일관적인 관행은 개인적인 불편만이 아니라 조직상의 오류를 야기하는 원인이다. 나는 어느 정치 회의에서 한 남성이 왜 "방에 유색인brown people이 보이지" 않는지 횡설수설했던 것을 기억한다. 정확히 그의 건너편에 앉아 있던 흑인 동지와 나는 믿기지 않는다는 듯이 서로를 쳐다보았다.

정체성 정치가 고정된 본질이라고 취급하는 범주가 어떻게 매우 불확정적인 것으로 나타날 수 있을까? 도대체, 어떻게 우리 눈에 완전히 가시적이고 자명한 것이 여전히 우리에게 파악되지 못하는 것일까? 알튀세르는 자명성obviousness이 이데올로기의 중요한 특징이라고 지적했다. 가령 인간 존재가 생존에 필요한 것을 얻고자 서로 경쟁해야 한다는 관념처럼, 무언가가 우리에게 자명하게 나타난다면 우리는 우리가 이데올로기의 세계에 있다는 점을 알게 된다.

이데올로기가 "인종적"이라고 이야기하는 성격들을 근거

---

1 [옮긴이] 유색인인 가상 인물이나 실존 인물을 백인으로 바꾸는 행위를 말한다.

로 인간 존재를 분류하는 것에는 어떤 본질적인 이유가 있지 않다. 인종 이데올로기는 구체적인 신체적 특징, 주로 피부색을 중심으로 하는 특징에 따라 사람들을 구별할 수 있다고 주장한다. 하지만 이러한 분류는 자의적이며, 오로지 그것이 사회적 영향을 지닌다는 점 이외의 어떤 의미도 지니지 않는다.

인종주의는 인간의 구별이 낳은 이러한 사회적 영향을 생물학적 특징들과 동일시한다. 이렇듯 인간 문화를 생물학으로 환원하는 것을 대개는 거부하며 혐오스럽다고 간주한다. 하지만 인종주의를 거부하면서도 여전히 인종 이데올로기의 희생양이 될 수 있다. 인종 범주를 주어진 것으로, 즉 정치 분석의 토대로 취급하는 것은 여전히 이러한 이데올로기를 재생산한다. 이 둘이 무관하지 않은 이유는, 실제로 인종 이데올로기가 인종주의에 의해 만들어지며 그 반대가 아니기 때문이다.

인종이라는 현상에는 많은 사례들이 존재하고, 이 사례들은 모두 매우 상이하다. 인종 현상들이 어떻게 나타나는지 이해하려면, 그 사례들을 각각 구체적으로 이야기해야 한다. 스페인의 정착식민주의와 네덜란드의 정착식민주의, 인도에서의 영국 식민주의와 한국에서의 일본 식민주의, 탈식민 아프리카에서 일어나는 종족 갈등과 탈사회주의 발칸반도에서 나타나는 종족 갈등과 같은 예시들을 생각해 보자. 이 모든 사례들은 여러 인종 이데올로기에 사로잡혀 있다. 이러한 구체적 사례를 하나의 추상으로 환원한다면 어떤 것도 얻을 수 없다. 내가 이미 제안하였듯이, 더 나은 진행 방식이란 이러한 "인종"이라는 추상이 이미 우리가 세계를 이해하는 방식에 적극적인 요소라는 점을 인정하면서도, 이 추상을 만들어 낸 모든 구체적인 요인들을 덧붙여 그것을 설명하는 것이다. 즉 우리의 사고에서 출발하여 물질 세계와 그 역사로 향하는 것이다.

또한 우리는 "인종"이 오로지 상이하고 부차적이며 "타자적other"인 것을 서술한다는 전제와도 단절해야 한다. "인종"의 원초적 형태는 "백인종"이며, 우리는 백인종을 "차이"로서의 인종 이론이 발전한 중립적이고 보편적인 입장으로 받아들이면 안 된다. 정체성 정치 담론에서 백인종이라는 범주는 백인 특권white privilege의 근거로 수단화되었기 때문에 전혀 이론화되지 않았다. 이 용어는 모순적인 역사를 보여준다. 백인 특권이라는 개념은 백인 저술가 페기 매킨토시와 그가 쓴 영향력 있는 논문 〈백인 특권: 눈에 보이지 않는 배낭을 내려놓기〉와 주로 연관되어 있다. 이 논문은 백인들에게 보다 고상한 행동을 하도록 독려하는 선의의 시도를 보여준다. 이 논문에서는 구체에서 추상으로 향하는 관념론적 운동을 명백히 보여주는 예시가 드러난다.

물론 매킨토시가 백인성이 낳은 결과를 서술하려고 시도한 최초의 인물은 아니다. W. E. B. 듀보이스는 《흑인 재건》에서 백인에게 주어진 법률적 및 사회적 이점에 관해 유명한 글을 썼다.

반드시 기억해야 할 점은, 백인 노동자 집단이 낮은 임금을 받긴 하지만 일종의 공적이고 심리학적인 임금을 통해 그 일부를 보상받는다는 것이다. 그들은 백인이기 때문에 대중의 존경과

예우를 받았다. 모든 계급마다 그들이 있지만, 백인이면 공공 행사, 공원, 좋은 학교에 자유롭게 들어갈 수 있었다. 경찰은 백인 계층에서 뽑혔으며, 백인들의 표에 의존하는 법원은 무법 행위를 부추길 정도로 백인들을 관대하게 대우하였다. 백인들은 투표로 공무원을 선발하였으며, 이것은 경제 상황에는 별 영향을 미치지 않았으나, 그들에게 보여주는 개인적인 대우와 존경에는 상당한 영향을 미쳤다.[2]

그러나, 매킨토시의 논문은 듀보이스가 남북전쟁 이후 미국의 계급 구성을 역사적으로 탐구했던 것과 매우 다른 논조로 쓰여 있다. 이 점은 매킨토시가 자신의 논문에서 "나의 인종", "나의 인종 집단", "나의 피부색"을 서로 바꿔 가며 이야기하기 때문이다. 매킨토시가 처음에 명명한 "백인 특권"은 다음과 같다. "나는 원한다면 대부분의 시간을 내 인종에 속한 사람들과 어울릴 수 있다." 또 다른 특권은 그가 "악기점에 가서 내 인종에 속한 음악이 시연되는 것을 기대"할 수 있다는 것이다.[3]

우리는 이 논문이 미국 대중음악의 역사에 익숙치 못한 것으로 보인다는 점에 대해서는 논외로 할 것이다. 중요한 점은 이 논문에서 피부색과 "인종" 범주, 그리고 인간의 개별적인 분류들을 동일시한다는 점이다.

이러한 동일시를 통해 백인 죄의식은 인종이라는 건국 소

---

2   W. E. B. Du Bois, *Black Reconstruction* (New York: Free Press, 1998), 700–701.

3   Peggy McIntosh, "White Privilege: Unpacking the Invisible Knapsack," *Peace and Freedom* (July–August 1989): 10–12.

설을 재생산한다. 즉, 개별 인간 집단이 각자의 문화와 삶의 방식을 지닌 것에는 신체적 표현형phenotypes으로 표현되는 생물학적 근거가 있다는 가상을 재생산한다. "백인종"이 구체적인 역사적 형성물이라는 점은 배낭의 은유로 인해 모호해진다.

매킨토시는 다음과 같이 쓴다. "백인 특권이란 특별한 식량, 지도, 여권, 암호첩, 비자, 옷, 도구, 백지수표가 들어 있는, 보이지 않고 무게도 없는 배낭이다."[4] 이 배낭을 들고 있는 어느 개인은 완전히 개방된 사회적 영역을 여행한다. 그 개인은 배낭에 담긴 도구들 덕분에 비교적 배낭이 가벼운 이들보다 이 영역을 대단히 효율적으로 여행할 수 있다. 이 배낭에 담긴 자원들은 특권으로서 백인성을 구성하는 요소이다. 이는 백인 정체성에 속한 개인들이 그 배낭을 들고 있기 때문이다.

여러 특권이 든 배낭을 이미 백인으로 인식되는 개인들이 들고 있다면, 백인성은 반드시 생물학적 특징으로만 이해될 수밖에 없을 것이다. 이 생각이 허구라는 점은 분명하다. 현재 백인으로 표현되는 사람들은 폭넓고 복잡한 유전 계보를 지니고 있으며, 그중 많은 이들은 예전에 각자 개별적인 "인종들"이라 여겨졌다. 넬 어빈 페인터가 계시적인 저작 《백인의 역사》에서 지적하듯이, "지난 수 세기의 대부분 동안—실제로 인종이 법률의 문제가 되었을 때에—교육받은 미국인들은 둘 이상의 유럽 인종이 존재한다고 확고히 믿고 있었다."[5]

우리는 오로지 서술에 자그마한 오류가 있었을 뿐이라고

4   McIntosh, "White Privilege."

5   Nell Irvin Painter, *The History of White People* (New York: W.W. Norton, 2010), ix.

결론 지을 수도 있다. 실제로 백인성 자체는 배낭에 든 여러 내용물로 이루어져 있다. 백인성은 정체성이자 특권으로 동시발생적으로 구성된다. 배낭에 든 식량은 배낭을 멘 사람에게 이점만이 아니라 정체성도 부여한다.

하지만 그렇다면 그 부여된 정체성의 내용이 "백인성"과 관련되어 있다는 점을 어떻게 알 수 있는가? 물론 정체성의 배낭에서는 특권을 부여하는 구체적인 항목들만이 아니라, 머리카락의 길이, 걸음걸이, 식단의 선호도, 컴퓨터 활용 능력 등 무수히 많은 자의적인 세부 사항을 찾을 수 있다. 즉, 한 개인의 정체성을 서술하기 위해서는 그 배낭이 특정 개인의 이것임this-ness을 구성하는 모든 것을 담아야 한다. 이 점은 이러한 특징들을 "백인의" 것이라 불릴 수 있도록 구성하는 조직 원리에 관해 어떤 통찰도 제공하지 않는다. "백인"의 특성을 인간의 특성, 펜실베이니아 주민의 특성, 헤비메탈의 특성과 구별하는 방법은 존재하지 않을 것이다.

이 지점에서 자유주의적 사고는 실패한다. 백인성과 같은 정치적 형성물은 개인의 정체성에서 출발해서는—즉 정치를 자아의 심리학으로 환원해서는—설명할 수 없다. 그 출발점은 개인들을 구성하는 사회구조와 그 구성적 관계여야 한다. 그리고 매킨토시의 배낭보다 수십 년 전에 **백인 특권**이라는 용어가 그러한 이론에서 기원했다는 점은 너무나도 자주 잊혀지는 사실이다.

"하얀 피부의 특권" 이론은 미국 공산당에서 탈당한 초기 반수정주의 조직(임시조직위원회Provisional Organizing Committee)의 구성원들에 의해 제안되었고, 신좌파와 신공산주의운동New Communist Movement에 상당한 영향력을 미쳤다.[6] 시어도어 앨런과 노엘 이그나티에프가 쓴 일련의 소논문들은 《백인이라는 사각지대》라는 팸플릿에 수록되었고, 처음으로 정식화된 개념을 제공하였다. 이그나티에프와 앨런은 노예제가 지배계급이 백인우월주의를 계급 분열 및 사회통제의 도구로 도입하는 유산을 남겼다고 주장했다. 하지만 이 주장은 문화 이론 혹은 도덕 이론이 아니라 정치 이론이었고, "백인 쇼비니즘"이 실제로 백인 노동자들에게 해로우며 흑인 노동자들과의 단결을 가로막고 있다는 점을 담고 있었다. 그러므로 백인우월주의에 대항하는 싸움은 사실 모든 노동자들의 자기 조직화를 지지하는 정치 프로그램에서 중심적이었다. 이그나티에프는 "백인우월주의 종식은 단순히 전체 노동자계급의 여러 계급적 요구와 분리된 흑인들만의 요구가 아니다."라고 열정적으로 주장하였다. 흑인 노동자들에게 자신만의 "특별한" 쟁점인 백인우월주의에 대항하여 싸우는 일이 맡겨지고, 백인 노동자들이 그저 동정을 표현하며 "자기들'만의' 요구를 위해 싸워"서는 안 되었다. 백인우월주의와의 싸움은 근본적으로 계급투쟁에 중요했다.

백인 쇼비니즘이라는 이데올로기는 백인 노동자들을 주로 겨

6 [옮긴이] 신공산주의운동은 미국에서 1970-1980년대에 마르크스레닌주의와 마오주의, 인종주의와 성차별주의 철폐, 제3세계와의 연대 등을 주장하던 다양한 정치운동을 포괄하는 말이다. 그 운동에는 민주사회학생회 내부의 좌파 경향과 블랙팬서당, 공산주의노동당 등이 포함되어 있었다. 공산주의노동당은 미국 공산당의 수정주의를 비판하면서 탈당한 임시조직위원회 출신들에 멕시코계 미국인 조직들과 혁명적흑인노동자연맹 등의 출신들이 합류하여 1974년에 결성된 정당이다.

냥한 부르주아의 독으로, 지배계급에 의해 흑인 및 백인 노동자들을 종속시키는 무기로 활용된다. 그것은 백인우월주의라는 관행에 그 물질적 기반을 갖고 있으며, 이 관행은 단순히 비백인만 아니라 전체 프롤레타리아트를 향해 저지른 범죄이다. 그러므로 백인우월주의의 철폐는 명백히 전체 노동자계급의 계급적 요구 중 하나가 될 자격이 있다. 실제로 이러한 추악한 관행이 역사적으로 미국 노동자계급의 투쟁을 저지하는 데 했던 역할을 고려할 때, 백인우월주의에 대항하는 싸움은 전체 노동자계급에게 중심적인 당면 과제가 된다.[7]

그러나 신좌파가 이 언어를 차용하면서, 그 용어는 이데올로기적으로 상당히 변형되었다. 격렬했던 민주사회학생회의 1969년도 회의에서 배포된 선언문 〈바람이 어디로 부는지 아는 데 웨더맨은 필요하지 않다〉는 프롤레타리아트의 단결이 아니라 백인의 죄책감에 중점을 둔 정치를 제안했다.[8] 웨더 언더그라운드Weather Underground는 노동자계급이 혁명적 변화를 위한 힘이라는 점을 부정하기 위해 "특권"이라는 언어를 활용했

---

7 Noel Ignatiev and Ted Allen, "The White Blindspot Documents," in Carl Davidson, ed., *Revolutionary Youth and the New Working Class* (Pittsburgh: Changemaker, 2011), 152–53.

8 [옮긴이] 민주사회학생회는 1960년대 미국 신좌파를 대표하는 학생운동 조직이며, 시민권 운동, 빈민 문제, 반전운동 등에 참여했으나 1969년 전국 회의를 거친 후 해체되었다. 당시 회의에서 민주사회학생회의 한 분파였던 혁명적청년운동Revolutionary Youth Movement은 다른 분파인 노동자학생연합Worker Student Alliance이 인종 문제나 제3세계 문제 등을 경시한다고 비판하였다. 그 결과 혁명적청년운동이 민주사회학생회의 지도부를 차지하였고, 이 학생 조직은 웨더 언더그라운드라는 새로운 이름을 갖게 되었다. 웨더 언더그라운드는 폭력 노선을 취하여 베트남, 라오스 등에 대한 미국의 군사 개입에 맞서 정부 기관이나 공공시설에 폭탄 테러를 하는 등의 활동을 벌였다. 이후 이 조직은 미국의 베트남 전쟁 철수 이후 사실상 해체되었다.

다. 이들은 다음과 같이 썼다. "사실상 모든 백인 노동자계급은 제국주의에서 나온 단기적인 특권을 지닌다. 이 특권은 거짓 특권이 아니라 실재하며, 백인 노동자들에게 기득권의 일부분을 쥐어 주며, 이들을 일정 정도 제국주의자들에게 종속시킨다."[9] 실제로 이 주장은 웨더 언더그라운드가 정치 투쟁을 혁명적 삶의 방식을 받아들임으로써, 자신의 특권을 공격한 자신들과 같은 전위 집단과 스스로를 동일시했다는 점을 의미했다. 이 주장은 백인 급진주의자들의 (폭발물을 활용한) 자기 학대에 이르렀다. 이 백인 급진주의자들은 대중을 대신했으며, 자아도취에 빠져 스스로에게만 주목했을 뿐, 그들이 지지하고 있다고 말하는 흑인운동과 제3세계 운동에는 주목하지 않았다. 그리고 이들은 이러한 운동을 폭력적 반란이라는 낭만적인 환상으로 환원했다. 달리 말하자면 인종을 사고하는 웨더 언더그라운드의 방식에서는—빈민과 노동자계급의 전반적인 자기 해방을 의미했던—흑인 자율성과 자기 해방이라는 프로젝트가 사실상 무시되었다.

〈우리는 항해술 없이 거친 바다로 나아갈 수 없다〉라는 논문에서 이그나티에프는 웨더맨의 문제들을 무자비하게 공격했다. 그 논문은 오늘날에도 신경이 쓰이는 문제들을 발견했다.

백인우월주의는 부르주아지 지배의 진정한 비밀이자 이 나라에서 노동운동이 실패하게 된 숨겨진 원인이다. 하얀 피부의 특

9 Karin Asbley, Bill Ayers, Bernardine Dohrn, John Jacobs, Jeff Jones, Gerry Long, Home Machtinger, Jim Mellen, Terry Robbins, Mark Rudd, and Steve Tappis, "You Don't Need a Weatherman to Know Which Way the Wind Blows," *New Left Notes* (June 18, 1969).

권은 오로지 부르주아지만을 위해 봉사하며, 바로 그 이유에서 특권은 우리를 특권에서 벗어나도록 두지 않고, 오히려 우리 삶의 매 시간에 걸쳐 우리가 어디에 가든 상관없이 특권을 지닌 우리를 뒤쫓을 것이다. 그것은 독이 든 미끼이다.

이그나티에프가 정교히 하듯이, 백인우월주의에 대한 이러한 관점은 백인 특권에 대한 매우 상이한 개념을 수반했다.

하얀 피부의 특권을 받아들이는 것이 백인 노동자의 이해관계에 봉사한다고 주장하는 것은, 벌레 미끼를 낚시바늘과 같이 삼키는 것이 물고기의 이해관계에 봉사한다고 주장하는 것과 동일하다. 이러한 특권을 거부하는 것이 "희생"이라고 주장하는 것은 마치 물고기가 물 밖으로 튀어 올라 꼬리를 흔들고 가열차게 사방으로 머리를 흔들고 가시 달린 미끼를 뱉을 때 희생을 하고 있다고 주장하는 것과 같다.[10]

오늘날의 특권 정치는 이와 같은 입장을 도저히 인정할 수 없다. 웨더맨처럼 무장투쟁과 은행 강도, 레닌의 제국주의론을 호소하지는 않더라도, 우리 시대에도 그들이 취했던 입장의 끝없는 변형들이 있다. 현대의 백인 자유주의자들은 웨더맨의 입장을 받아들여, 종종 "친백인" 사회주의자들의 새로운 물결이 등장한 이유가 "백인 노동자계급"을 보호하기 위해서라고 주

---

10 Noel Ignatiev, "Without a Science of Navigation We Cannot Sail in Stormy Seas," available on marxists.org.

장하기까지 한다. 하지만 그들의 희화화는 미국 역사에서 전반적으로 흑인 혁명가들이 지적했던 중요한 지점, 즉 해방의 기획은 인종 이데올로기를 극복할 것을 요구한다는 지점을 모호하게 한다. 듀보이스는 백인성의 물질적 이점을 "심리학적 임금"이라고 특징지었지만, 백인성을 개인의 심리가 낳은 결과로 환원하지는 않았다. 실제로 듀보이스는 심리학적 임금에 관한 구절의 바로 앞에서 다음과 같이 썼다.

> 인종 이론은 신중히 계획되고 천천히 진화된 방법을 통해 보완되었으며, 백인 및 흑인 노동자 사이를 틀어지게 했다. 어쩌면 오늘날 세계에서 사실상 동일한 이해관계를 지닌 이 두 노동자 집단은 매우 깊고도 영구적으로 서로를 증오하고 두려워하며, 매우 멀리 떨어져 어떤 공통의 이해관계도 보지 못할 것이다.[11]

듀보이스는 백인 노동자와 흑인 노동자가 "사실상 동일한 이해관계"를 지닌다고 주장할 때, 신화 속의 몇몇 "백인 노동자 계급"에게 호소하지 않았다. 더욱이 그는 일종의 "계급환원론"을 범하여 추상적으로 계급이 인종보다 더욱 근본적이라고 규정하지 않았다. 물론 몇몇 사람들은 실제로 이렇게 주장한다. 그리고 그들은 임신중절하려는 젊은 여성과 복음주의적인 시위자, 미등록 이민자와 봉급 생활을 하는 노동자가 어떻게 같은 "이해관계"를 가질 수 있냐고 묻는 정체성주의적identitarian 자유주의자들의 손아귀에 놀아난다.

11 Du Bois, *Black Reconstruction*, 700.

하지만 이러한 문제 제기는 그것이 진단한다고 주장하는 동일한 문제에 봉착하게 된다. 이러한 문제 제기는 어느 공유된 특징이 정체성에 대한 주장에 미치는 인과 서술을 잘못 다룬다. 우리 모두가 지닌 수많은 이해관계는 우리의 정체성만이 아니라 우리가 일하고 살아가는 장소와 관련되어 있다. 이러한 상이한 여러 삶의 영역이 상호작용하고 교차한다고 말하는 것은 진부한 이치를 전할 따름이다. 그 주장은 어떻게 우리 사회가 구조화되고 재생산되는지, 어떻게 우리가 이러한 구조를 바꿀 전략을 세울 것인지에 대해서는 설명하지 않는다.

듀보이스는 노동자계급이 경험하는 생생한 현실을 인식하고 있었고, 이 노동자계급은 백인과 유색인, 모든 젠더와 섹슈얼리티를 지닌 사람들, 취업자와 실업자—즉 단순한 서술로 환원할 수 없는 다중multitude인 사람들—를 포함한다. 그들 사이에 의미 있는 공통의 이해관계는 어떻든 간에 기본값으로 존재하지 않는다. 우리는 분수를 약분하듯이 어느 인간 집단과 그들이 갖고 있는 다수성multitudes을 단일한 공통의 이해관계로 환원할 수 없다. 공통의 이해관계는 이러한 다중을 하나의 집단으로 구성함으로써 형성된다. 이러한 과정이 바로 정치적 실천이다.

백인우월주의란 인간 집단의 이해관계가 지닌 다원성이 백인종이라는 가상으로 재조직된 현상이다. 여기서 백인종의 존재는 유색인을 억압하는 폭력과 집단 학살의 역사에 입각하고 있다. 백인우월주의에 대항하여 억압받는 이들이 스스로 조직한 투쟁은 이와 같은 조직화를 결코 제거하지는 못했을지라도 상당히 약화시켰다.

이러한 투쟁을 통해 결국 계급 조직화로 공통의 이해관계를 구성할 필요가 있다는 통찰이 나타난다는 것은 전혀 우연이 아니다. 그리고 이 공통의 이해관계는 자본주의 체제 전체에 대한 반대로 확대된다. 바로 자본주의 체제의 구조가 정체성과 무관하게, 생산수단을 강탈당한 모든 사람들로 하여금 자신의 삶을 통제하고, 그들이 지닌 특수한 이해관계를 그것이 무엇이든 간에 추구하지 못하도록 막기 때문이다.

그러나 이것이 "계급환원론적" 주장이 실현 가능한 입장이라는 점을 의미하지는 않는다. 백인 사이의 인종적 연대가 인종을 가로지르는 계급적 연대보다 강력하다면, 자본주의와 백인성은 계속해서 존재할 것이다. 미국사의 맥락에서 "백인 노동자계급"이라는 수사와 함께 계급이 인종보다 중요하다는 실증주의적인 주장은 사회주의 건설을 막는 주요한 장애물을 강화한다.

듀보이스의 통찰에 영감을 받았던 앨런과 이그나티에프는 후속 연구에서 이 질문으로 향하였다. 그들은 이 과정에서 인종 이데올로기에 대한 유물론적 탐구의 설명 모델, 즉 추상에서 구체로 나아가는 모델을 제시하였다. 그들의 연구는 바버라 필즈와 카렌 필즈, 데이비드 뢰디거 등 많은 이들의 연구과 함께 등장하여 하나의 사상적 주제가 되었으며, 인종이 사회 구성물이라는 점을 폭로하는 것에 전념하였다. 이 모든 연구들은 다양한 방식으로 "백인종"의 역사를 구체적으로 검토하였다. 그 역사에서 이끌어 낼 수밖에 없는 지침이 되는 통찰은 이러한 인종 현상이 특정 "백인"이 지닌 단순히 생물학적이거나 심지어 문화적인 속성이 아니라는 점이다. 그것은 백인우월주의를 통해 구체적이고 객관적인 역사적 과정 속에서 만들어졌다. 앨런이 방언에 관한 특별한 역사서 《백인종의 발명》 뒤표지에서 이야기하듯이, "1619년 최초로 아프리카인이 버지니아에 도착했을 때, 그곳에 백인은 존재하지 않았다."

곧바로 앨런은 **백인**이라는 단어가 1691년 이전까지는 버지니아 식민지법에 나타나지 않는다는 사실을 지적한다. 물론 이러한 사실이 1691년 이전에 인종주의가 없었다는 점을 의미하지는 않는다. 앨런의 주장이 보여주려는 것은 인종주의가 백인종 개념에 붙어 있지 않았다는 점이었다. 유럽 문명이 우월하다는 생각들이 있었지만, 이것은 피부색의 차이와 대응하지 않았다.

가장 명백한 사례는 아일랜드인의 사례이다. 잉글랜드인이 아일랜드인에게 가한 인종적 억압은 아프리카인에 대한 인종적 억압보다 수 세기 정도 앞선다. 오늘날 백인 민족주의자들은 이러한 역사를 왜곡하여, 백인우월주의의 역사를 묵살하고자 아일랜드인의 인종적 억압을 활용하려 든다. 하지만 이러한 사례는 사실 그들의 틀 전체를 무너뜨린다. 아일랜드인의 사례는 인종 억압의 형태가 피부색에 근거하지 않으며, 실제로 백인성이라는 범주보다 선행한다는 점을 드러낸다.

게다가 초기 형태의 잉글랜드 인종 이데올로기는 아일랜드인을 열등하고 인간 이하로 표현하였으며, 이러한 이데올로기는 이후에 똑같이 반복되어 아메리카 대륙에서 일어난 원주민 학살과 아프리카인의 노예화를 모두 정당화하였다. 이것은 그저 단어의 문제가 아니었다. 정착 식민지, 토지 몰수, 플랜테이션 생산이라는 관행들이 아일랜드에서 수립되었다. 앨런은 구체적인 법률을 언급하며 이 점을 증명한다.

> 앵글로아메리카 노예제에서는 "노예 여성을 강간하는 것은 범죄가 아니라 단순히 노예주의 재산을 무단으로 이용한 것"이었다. 1278년 법정에 불려가 마거릿 오로크Margaret O'Rorke를 강간한 혐의를 받은 앵글로노르만인 2명은 "상술한 마거릿이 아일랜드 여성"이기 때문에 무죄 처분을 받았다. 1723년 버지니아에서 제정된 법에서 "노예 살해는 처벌되지 않는다."고 규정했다면, 앵글로노르만 법에서도 살해된 피해자가 아일랜드인이라는 점을 보여주는 것만으로도 무죄 선고를 받아 내기에는 충분한 것이었다. 앵글로노르만 사제들은 "개나 다른 짐승이 아니라 아일랜드인을 죽이는 것은 전혀 죄가 아니"었다는 근거를 들어 이들을 사면하였다.[12]

아일랜드인의 사례에서는 피부색에 근거하지 않더라도 인종 억압이 등장한다. 여기서 우리는 어떻게 피부색을 중심으로 한 인종 이데올로기가 등장하여, 아프리카인들을 인간 이하로 표현하고 아일랜드인과 잉글랜드인을 단일한 "백인종"에 속한다고 여기게 되었는지 묻지 않을 수 없다.

역사적 기록은 백인우월주의, 나아가 백인종이 미국의 자본주의로의 이행, 특히 인종적 노예제를 중심으로 일어난 이

---

12 Theodore W. Allen, *The Invention of the White Race*, vol. 1 (New York: Verso, 2012).

행 속에서 형성되었다는 점을 매우 명확히 드러낸다. 그렇기에 우리는 인종을 통해 노예제를 설명하도록 이끄는 인종 이데올로기의 유혹을 뿌리쳐야 한다. 노예제가 언제나 인종적인 것은 아니었다. 노예제는 고대 그리스와 로마에서만이 아니라 아프리카에서도 존재했으며, 특별히 인종 이데올로기와 결부되지 않았다. 노예제는 노역자의 시장 교환으로 특징지어지는 강제 노역 형태이다. 하지만 강제 노역에는 여러가지 형태가 존재한다. 버지니아주에서 나타난 최초의 강제 노역은 기간계약노역indentured labor[13]이었다. 기간계약노역이란 노역자들이 빚을 갚기 위해 정해진 기간 동안 강제로 일하도록 하는 형태이며, 종종 임기가 종료된 뒤 토지 소유권을 주는 등 몇 가지 유인책을 가지고 있었다. 1619년 최초로 버지니아주에 도착한 아프리카인들은 기간계약노역자indentured servants로 일하게 되었으며, 이들은 유럽인 노역자들과 동일한 법적 범주에 속했다. 실제로 1660년 이전까지 모든 아프리카계 미국인 노역자들은 유럽계 미국인 노역자와 마찬가지로 노역 기간이 정해진 기간계약노역자였다. 인종 이데올로기에 근거한 법적 차별은 존재하지 않았다. 자유인 아프리카계 미국인들은 재산과 토지를 갖고 있었고, 종종 슬하에 기간계약노역자를 부렸다. 유럽인과 아프리

---

13 [옮긴이] 오영인에 따르면 국내 학계에서 미국 식민지 시기에 있었던 Indentured Servitude System과 관련 번역어는 합의되지 않았다. 그 예로 indentured servants의 번역어로 연한부 계약 서번트, 계약 고용 하인, 계약 노동자 등이 제시된 바 있다. 이 책에서는 자유로운 임금노동과 이 강제 노역을 구분하는 것에 주목하여 오영인이 제시한 번역어인 "기간계약노역자"를 사용할 것이다. 마찬가지의 이유에서 laborer라는 단어가 기간계약노역 제도와 연관되어 쓰인 경우 노동자가 아니라 노역자라고 번역하고자 한다. 오영인, 〈백인 지배 담론 가르지르기: 미 식민지 시기 기간계약노역 제도Indentured Servitude System에 대한 소고〉, 《미국사 연구》 49호 (2019), 109-137쪽.

카인이 교혼하는 사례도 존재했다. 17세기 말이 되어서야 미국 식민지의 노동력은 노역 기간이 정해지지 않은 아프리카인 노예들로 완전히 변화했다.

페인터가 《백인의 역사》에서 지적하듯이, 이와 같은 여러 노동 형태와 그 변형은 어떻게 인종 이데올로기가 등장했는지를 이해하고자 할 때 중요하다.

노동은 인종 담화에서 중심적인 역할을 수행한다. 그 노동을 하는 사람들을 선천적으로 노동하는 지위에 있는, 고역과 빈곤을 받을 자격이 있는 것으로 생각하는 경향이 있기 때문이다. 부당하게도 여전히 노예제는 세계 어디에서나 반드시 인종적 차이라는 토대에 근거하는 것처럼 가정된다. 반복해서 상류계급은 이런 사람들이 마땅히 그들의 운명을 겪어야 한다고 결론 지어 왔다. 분명 그들 안에는 이 사람들을 밑바닥에 놓게 만드는 무언가가 있다. 현대에 우리는 이러한 식의 추론이 흑인종과 연관되어 있다는 점을 알고 있지만, 다른 시기에는 똑같은 논리가 백인, 특히 일거리를 찾는 빈곤한 이민자들에게 적용되었다.[14]

페인터가 쓰듯이 "요약하자면, 18세기에 아프리카 노예 무역의 호황이 있기 전에는, 초기에 영국령 서반구 식민지로 이민 간 백인들 중 2분의 1에서 3분의 2 정도가 부자유 노동자로 이민을 갔으며, 그 수는 약 30만 명에서 40만 명이었다."[15] 이

14 Painter, *White People*, xi.

15 Painter, *White People*, 42.

시기에 백인성을 자유로, 흑인성을 노예제로 정의하는 방식은 아직 존재하지 않았다.

인종을 정의하려면 몇 가지 예측하지 못한 역사적 질문에 답해야 한다는 점이 드러난다. 어떻게 기간계약노역자 중 일부가 정해진 기한이 아니라 생애 전체 동안 구속받게 되었는가? 어떻게 이러한 범주의 강제 노역이 인종으로 표현되게 되었는가? 왜 식민지 지배계급은 여타 다양한 노동 체제를 쓸 수 있었음에도, 인종적 노예제에 의존하게 되었는가?

아메리카 식민지의 첫 번째 경제 호황은 1620년대 버지니아 담배 생산에서 일어났으며, 담배 생산은 주로 유럽인 기간계약노역자들의 노동에 바탕을 두고 있었다. 아프리카계 미국인들은 그 노동인구의 약 5분의 1에 불과했다. 처음에는 유럽인들이 대부분의 강제 노역을 하였고, 식민지 플랜터planter 계급은 경제성장을 위하여 이러한 강제 노역에 의존하고 있었다. 하지만 플랜터 계급은 단순히 자발적으로 이민 온 유럽인 기간계약노역에만 의존할 수 없었다. 그리고 이런 상황에서 고된 노역 생활을 하다가 일찍 죽기 딱 좋은 일에, 유인책만으로는 지속적으로 증가하는 노동인구를 발생시키기에 충분치 않았다. 바버라 필즈가 이야기하듯이, "하얀 피부도 잉글랜드 국적도 노역자들을 가장 역겨운 잔혹함과 착취로부터 보호해 주지 못했다. 그들은 유일하게 자신들의 문제를 영원히 겪어야 하는 영원한 노예화라는 굴종을 면할 수 있었다. 아프리카인 후손들에게 그 노예화라는 운명이 닥치게 되었다."[16]

16   Fields and Fields, *Racecraft*, 122.

반면 아프리카계 미국인은 고국에서 강제로 내쫓겼다. 따라서 지배계급은 몇몇 노역자들의 경우 노역 기간의 종결을 거부할 수 있도록 법률을 바꾸기 시작했고, 아프리카인 노역자들의 사례에서만 이러한 시도가 성공할 수 있었다. 1676년 베이컨의 반란[17]은 모든 것을 바꾸었다. 이 사건은 엘리트 플랜터 계급의 내부 갈등에서 시작되었고, 토착민 인구층을 향한 가혹한 공격으로 뒤바뀌었다. 하지만 그 반란으로 인해 유럽인 노역자와 아프리카인 노역자로 이루어진 반항적인 군중이 들고 일어났으며, 이들이 수도 제임스타운Jamestown을 불태우자 총독은 도주할 수밖에 없었다. 유럽인 및 아프리카인 노역자들의 반란 동맹은 식민지 지배계급에게는 중대한 실존적인 위협이었고, 이와 같이 착취당하는 인민들의 연합이 등장할 가능성은 영원히 저지되어야 했다.

이 순간이 사회통제의 한 형태로서 백인종이 발명되는 장기적이고 복잡한 과정의 분수령이다. 지배계급은 자신들이 부리는 노동력을 아프리카인 노예들로 완전히 변화시켰고, 따라서 기간계약노역자들이 궁극적인 자유와 토지 소유를 요구하는 것에 대처하는 일을 회피할 수 있었다. 이 점은 법적 범주로서 백인성을 강화하였으며, 아프리카인 강제 노역에서는 노역

---

17 [옮긴이] 1676년 당시 버지니아 식민령에서 너새니얼 베이컨이 주도하여 일으킨 반란. 아메리카 원주민과 정착지 농민의 물리적 충돌에도 불구하고, 당시 총독이었던 윌리엄 버클리가 그 반격을 허용치 않자, 베이컨은 300~500명의 남성들을 이끌고 제임스타운을 점령하였다. 이들은 영국 본령에서 파병된 군대에 의해 진압되었다. 본래 이 반란은 베이컨이 버클리에게 앙심을 품고 있었기에 시작되었으며, 각자 지지하던 관료와 부유층들 사이의 갈등으로 확대되었다. 그러나 흑인과 백인 기간계약노역자들이 베이컨을 지지하는 반란군의 선두에 합류하자, 이 반란은 점차 지배계급에 대한 도전을 촉발하는 계기로 여겨졌다.

기간의 종결을 거부하는 근거가 되었다. 18세기까지 유럽계 미국인 플랜터 계급은, 대부분 독립적인 자영농이었던 유럽계 미국인 노동 계급들laboring classes과 흥정하기 시작했다. 아프리카인 노동력이 초과 착취를 당하는 상황을 유지하기 위해, 지배계급은 몇 가지 사회적 특권을 교환하여 유럽계 미국인의 계급 간 동맹을 얻어 냈다. 이러한 유럽계 미국인의 인종적 동맹은 유럽계 미국인 및 아프리카계 미국인 노동자계급의 동맹이 일어날 가능성에 대한 지배계급의 최선의 방어책이었다. 페인터가 결론 내리듯이, 이 시점에서 "오늘날 인종을 흑인으로, 흑인을 노예로 바꾸는 친숙한 동일시"가 나타난다.[18]

18세기 유럽계 미국인 지배계급이 새로운 문제와 마주하면서 백인종의 발명은 더욱 가속화된다. 신성하게 임명된 행정권과 잉글랜드 귀족들의 토지 재산으로부터 독립을 요구하기 시작하면서, 식민지 지배계급은 모든 인민의 본질적 평등과 자연권 사상을 주장했다. 바버라 필즈는 다음과 같이 이야기한다.

> 공화국의 인민들은 인종 이데올로기를 통해 노예제를 해명할 수단을 갖게 되었지만, 이들이 거주하는 영토의 공화국은 자유liberty와 자연권이라는 급진적인 교리 위에 세워졌다. 더욱 중요하게는 이 공화국은 이러한 교리들이 소수자들을 제외한 모든 이들이 살아가는 세계를 정확히 대표하는 것처럼 보였다. 전혀 주의 깊지도 사색적이지도 않은 유럽계 미국인 사회 구성원들에게도 이와 같은 자유의 부정이 명백히 변칙으로 보이자, 이데

18 Painter, *White People*, 42.

올로기가 그 변칙을 체계적으로 해명하였다.[19]

달리 말하자면, 유럽계 미국인 지배계급은 강제 노역을 합리화하기 위해 아프리카인들이 열등하다는 이데올로기를 제시해야 했으며, 유럽인 인구층을 백인종의 범주로 편입시켜야 했다. 비록 이 인구층 중 다수가 과거에 열등하다고 생각되었다는 사실이 있었지만 말이다.

유럽에서 자유 노동자들이 자발적으로 이민 오는 현상을 겪으면서, 신생국 미국에서는 이러한 인종 이데올로기가 더욱 발전하였다. 이 자유 노동자들의 다수를 구성하는 인구층은 이탈리아인, 동유럽인, 유대인 등 여러 고유한 유럽 인종으로 간주되었다. 특히 아일랜드인은 모범적인 사례였는데, 잉글랜드 식민주의가 야기한 19세기 중반의 대기근으로 인해 미국으로 이민 온 아일랜드인의 숫자가 치솟았다.

유럽에서 가장 억압받고 반항적인 집단이었던 아일랜드인은 미국 지배계급을 보호해 온 협상을 제안받았다. 프레더릭 더글러스는 1853년, 뉴욕에서 열린 미국및외국의반노예제협회 American and Foreign Anti-Slavery Society 기념 회의에서 매우 분명하게 이 점을 지적하였다.

고국에서 각지의 억압받는 이들을 기꺼이 동정하는 아일랜드인
은 자신들이 흑인들을 혐오하고 증오하는 우리 땅 위에 서 있다
는 것을 본능적으로 알고 있습니다. 그들은 흑인들이 자신의 몫

19 Fields and Fields, *Racecraft*, 141.

인 빵을 먹고 있다고 믿도록 배웁니다. 이 잔혹한 거짓말은 그들에게 전해져, 우리가 그들에게서 노동을 빼앗고, 그들의 주머니에 들어갔어야 할 돈을 받고 있다고 이야기합니다. 선생들이여, 아일랜드계 미국인은 어느 날 자신의 실수를 깨달을 것입니다.[20]

더글러스는 다시 노예 생활로 되돌아가지 않으려고 아일랜드로 간 뒤, 생애 처음으로 평범한 사람으로 대우받았다고 이야기했다. 그는 노예제 철폐론자 윌리엄 로이드 개리슨에게 보낸 편지에서 다음과 같이 소리쳤다. "저는 숨을 들이쉬었습니다. 그리고 하! 재산은 인간이 되었습니다. … 저는 제 얼굴을 떠올릴 만한 것도 만나지 않았습니다."[21] 물론 이는 아일랜드인이 본능적으로 친절했기 때문이 아니었다. 오히려 이 역사적 단계에 아일랜드에 백인이 존재하지 않았던 것이 그 이유였다. 더글러스에게 이것이 명백했던 이유는, 그가 대기근이 있던 시기에 아일랜드에 도착했기 때문이다. 미국에서 플랜테이션 노예들이 부른 노래에 관한 추억에 대해 쓰면서 그는 이렇게 덧붙였다. "결핍과 기근의 나날을 겪던 친애하는 아일랜드 바깥 어디에서도 나는 몹시 애절한 소리를 들은 적 없었다."[22]

하지만 이그나티에프가 진술하였듯이, 아일랜드 이주민들은 미국으로 이주한 뒤 백인종이라는 클럽에 가입하여 자신들

20 Frederick Douglass, *Life and Times of Frederick Douglass* (London, 1882), 259.

21 Douglass, *Life and Times*, 211.

22 Douglass, *Life and Times*, 28.

의 예속 상태를 개선할 수 있다는 점을 깨달았다.[23] 계속해서 아프리카계 미국인이 노예화되고 억압받는 것을 적극적으로 지지한다면, 그들은 전보다 높은 지위에 있는 "백인종"의 일원이 될 수 있었다. 그러므로 백인이 되는 과정이란 흑인 노동자들의 착취를 공고히 하고 심화하기 위하여 이러한 과거의 인종 범주가 폐기되고 아일랜드인과 같이 인종화된 집단이 백인종으로 점차 편입되는 것을 의미했다.

프레더릭 더글러스의 위대한 통찰은 이것을 아일랜드계 미국인이 저지른 실수라고 서술한 점이었다. 더글러스는 사람을 백인이라 기록하는 것이 새로운 것임을 분명히 강조하였다. "**백인**이라는 단어는 이 나라 법률에서 쓰이는 현대적인 단어입니다. 이 단어는 공화국의 전성기에는 전혀 쓰인 적 없었지만, 우리의 국가적 퇴폐기에 나타났습니다."[24] 백인종의 발명이 의미했던 바를 분명히 해 보자. 그것이 의미했던 점은, 유럽계 미국인 지배계급이 이러한 형태의 사회적 통제를 부과함으로써 유럽계 미국인 노역자들이 아프리카계 미국인 노역자들과 함께 반란을 일으키는 것을 가로막았다는 점이다. 유럽계 미국인 노동자들은 하얀 피부의 특권을 얻는 대신 백인 정체성을 받아들이고 아프리카계 미국인 노역자들에 대한 가혹한 억압에 적극 가담하는 행위자가 되었다. 하지만 또한 그들은 자신의 삶의 조건을 근본적으로 악화시켰다. 이렇듯 자신들을 착취하

23 Noel Ignatiev, *How the Irish Became White* (New York: Routledge, 1995).

24 Frederick Douglass, "The Kansas-Nebraska Bill" [1854], in *The Life and Writings of Frederick Douglass*, vol. 2, ed. Philip S. Foner (New York: International Publishers, 1950), 317.

는 이들과 합의한 결과, 유럽계 미국인 노동자들은 남부 백인 노역자들이 전국에서 가장 빈곤한 조건에서 살아가도록 하였으며, 독자 생존할 수 있는 대규모 노동자운동의 발전을 가로막는 조건을 만들어 냈다.

이 점은 백인우월주의에 대항하는 투쟁이 실제로 보편적 해방을 위한 투쟁인 이유를 보여준다. 아프리카계 미국인 반란자들이 보기에 이는 명백했다. 바버라 필즈가 지적하듯, 이 반란자들은 자신들이 겪는 억압이나, 자신들이 벌이는 해방을 위한 투쟁을 설명하면서 인종 개념을 활용하지 않았다.

> 인종적 설명이 필요했던 것은 … 아프리카계 미국인이 아니었다. … 그들이 스스로를 하나의 인종으로 발명했던 것도 아니었다. 유럽계 미국인들은 아프리카계 미국인을 하나의 인종으로 정의함으로써 그 모순을 해소하였다. 아프리카계 미국인들은 노예제 철폐를 요청함으로써 그 모순을 더욱 간단명료하게 해소하였다. 미국과 프랑스, 아이티에서 일어난 혁명의 시기부터 그들은 계속해서 자연권에 따라 자유는 자신들의 것임을 주장하였다.[25]

그러나 여러 사회주의 운동이 이 점을 언제나 인식했던 것은 아니었다. 19세기 말과 20세기 초의 초창기 미국 사회주의자들은 이따금씩 백인 노동자들과 흑인 노동자들 사이의 분열로 인해 모든 노동자들이 스스로를 해방하는 데 성공하지 못

---

25 Fields and Fields, *Racecraft*, 141.

했다는 점을 인식하지 못했다. 우리가 이 지점을 지나치게 단순화하거나, 그 점을 가지고 노동운동의 역사 전체를 깎아내리고자 활용해서는 안 될 것이다. 초기의 여러 사회주의 정당을 주로 구성하고 있던 이민자들은 아직까지는 백인종으로 온전히 편입되어 있지 않았다. 또한 매우 중요한 흑인 사회주의자들도 존재했다. 예를 들어, 20세기 초에 흑인민족주의를 사회주의와 연결시키는 중요한 역할을 했던 휴버트 해리슨이 여기에 포함된다. 많은 초창기 미국 사회주의자들은 인종주의자가 아니었으며, 실제로 공개적이고 열정적으로 인종주의에 반대했다.

하지만 이러한 초기 사회주의 조직들 중 대다수가 흑인 노동자들의 요구들이 지닌 독특한 점을 인식하지 못했다. 이 조직들은 또한 흑인 노동자들을 차별하였던 직능조합과 협업하려 하였으며, 흑인 당원을 충원하려고도 하지 않았다. 이러한 사회주의 조직들은 백인우월주의를 분석하지 않았기 때문에 흑인 노동자들이 종종 백인이 할 수 있는 일자리로부터 배제되었으며, 작업장 바깥의 인종주의적 폭력에 노출되어 있고, 인종주의자 고용주가 흑인들에게도 임금 상승을 적용할 거라 기대할 수 없었다는 사실을 다루지도 못했다.

사회주의는 이처럼 인종에 무관심했기 때문에 항상 백인성과 충원 경쟁을 해야 하는 대가를 치르고 있었다. 새로운 유럽계 이민자들 일부는 종종 매우 급진적이었고, 호전적인 노동자 투쟁에 참여할 준비가 되어 있었다. 하지만 그들은 또한 백인종에 합류하라는 초대를 받고 있었다. 마찬가지로 아일랜드인들은 이 초대를 수락하면 유럽에서 자신들이 겪어 온 인종적 억압에서 마침내 벗어날 수 있었다.

1919년에 미국 사회주의자들이 공산당으로 재편되면서, 상황이 바뀌기 시작했다. 1920년대까지 미국 공산당에 편입된 이들 중에는 많은 이민자 사회주의자들만이 아니라, 아프리카혈통형제단African Blood Brotherhood[26]이라 불리는 비밀 조직도 있었다. 아프리카혈통형제단에는 시릴 브릭스, 클로드 맥케이, 해리 헤이우드 등 중요한 흑인 공산주의자들이 많이 있었다. 이 흑인 공산주의자들은 공산당의 조직 사업에서 절대적으로 중요했다. 이들이 미국 공산당이 노동운동을 건설하려면 백인성을 직접 공격해야 한다고 주장했기 때문이었다. 그들의 노력 덕분에 1920년대 말과 1930년대 초에 미국 공산당은 반인종주의 조직 사업에 투신하였다.

즉, 미국 공산당은 무엇보다도 먼저 백인 당원들에게 백인 쇼비니즘을 거부하도록 교육할 것을 특히 강조하였고, 인종 분리를 추구한 미국에서 열린 인종 간 교류 행사 중 일부를 조직했다. 미국 공산당은 평당원 사이에 백인성이 미치는 영향력을 없애려고 노력했다. 또한 공산당은 조직가들을 남부와 북부의 흑인 거주지로 보내 여러 정치 프로젝트를 수행하게 하였다. 이 활동들에는 소작농, 차지농, 광부, 철강 노동자를 위한 노동조합과 린치로부터의 무장 방어, 인종주의적 사법제도의 흑인 피해자를 위한 법률적 변호, 그리고 실업과 퇴거, 기간시설 운용

---

26 [옮긴이] 1919년 언론인 시릴 브릭스가 흑인 해방을 목표로 창설했던 비밀결사 형태의 선전 조직이다. 시인인 클로드 맥케이와 조직가 해리 헤이우드 등은 미국 공산당이 아프리카계 미국인의 민족자결권을 인정하도록 하였으며, 특히 맥케이는 코민테른 회의에 참석하여 공산주의 운동이 흑인 문제에 주목할 것을 연설한 바 있다.

중단에 반대하는 운동이 포함되었다. 로빈 D. G. 켈리는《망치
와 괭이》에서 이 중 몇몇 사업들을 다음과 같이 서술하였다.

> 실업자위원회의 대표자들은 종종 지주들에게, 장작을 얻으려
> 고 난투극을 벌이는 일 때문에 버려진 집이 피해를 입을 수도
> 있다고 이야기하며 그들이 소작인들을 쫓아내지 않도록 하였
> 다. 요금 미납으로 어느 가족 집에 전기가 끊길 때면, 실업자위
> 원회 활동가들은 종종 굵은 구리선을 "점퍼"로 써 공용 충전소
> 나 다른 집에서 전기를 무단으로 사용하였다. 또한 실업자위원
> 들은 닫힌 상수도관을 다시 열 방법을 찾아냈다. 그 과정은 전
> 기를 빼돌리는 것보다 더욱 복잡했다. 한 가지 사례에서는, 시
> 공무원이 어느 집을 단수시키려는 것을 막기 위해 흑인 여성들
> 이 무리를 지어 그 공무원을 말로 협박하기도 했다.[27]

불행히도 공산주의 운동에 대한 국가의 탄압만이 아니라
공산당 내부의 복잡한 정쟁의 역사 때문에, 이러한 활동은 갑
작스럽게 중단되었다. 당 지도부가 점차 보수적으로 변화하면
서 흑인 해방 프로젝트와 거리를 두게 되자, 공산당 안에서 백
인 쇼비니즘이 부상했다. 과거에 공산당은 대규모 반인종주의
사업을 통해, 즉 서로 다른 사람들과 이질적인 요구들을 공동
의 투쟁으로 결집시킴으로써 쇼비니즘을 매우 효과적으로 물
리친 바 있었다. 하지만 공산당은 이러한 실천을 포기하고, 해

---

27 Robin D. G. Kelley, *Hammer and Hoe* (Chapel Hill: University of North Carolina Press,
    1990), 21.

리 헤이우드가 지칭한 "백인 쇼비니즘에 대항하는 거짓 전쟁"
을 추진하였다.

헤이우드가 분석하기에, 이 거짓 전쟁은 백인 쇼비니즘의
물질적 기반을 강화할 뿐이었고, 백인 쇼비니즘은 이제 구조
적 기반으로부터 벗어나 자유롭게 떠도는 사상의 집합으로 보
이게 되었다. 백인 쇼비니즘을 반대하는 방법은 대중 조직화를
통한 문제가 아니라 이제 표면상의 동지들이 사용하는 언어를
단속하는 문제로 여겨졌다. 이는 당의 관료주의를 강화하고 당
원 사이에 편집증과 불신의 분위기가 돌도록 만들었다. 헤이우
드는 다음과 같이 썼다.

> 이런 분위기에서는 매우 부권주의적이고 후견주의적 형태의
> 백인 쇼비니즘이 발전할 뿐 아니라 흑인들 사이에서도 프티부
> 르주아적인 협소한 민족주의가 등장하기 쉬웠다. 이러한 왜곡
> 이 민족주의적인 방향으로 성장한 것은 민족 문제와 관련된 활
> 동에서 공산주의자들 사이에 이뤄진 기초적인 분업이 붕괴한
> 것과 직접적으로 연결되어 있었다. 오래전부터 우리 당과 국제
> 공산주의 운동에서 성립된 이러한 분업은 백인 동지들에게 백
> 인 쇼비니즘과 싸울 중요한 책임을, 그리고 흑인 동지들에게 협
> 소한 민족주의적 일탈과 싸울 중요한 책임을 부과했다.[28]

달리 말하자면, 대중 조직화가 이뤄지지 않을 때, 인종 이데
올로기는 이 빈틈을 채우려 달려든다. 그리고 헤이우드가 말하

28 Harry Haywood, *Black Bolshevik* (Chicago: Liberator Press, 1978), 588.

는 정치적 분업이 이뤄지지 않는다면, 인종주의에 대항하는 투쟁은 개인의 상처를 시정하는 것으로 환원된다.

물론 이 점은 어째서 정체성 정치에 대한 비판이 매우 거슬리는 반응과 마주하게 되는지를 보여준다. 인종주의와 싸우기 위해 다른 실질적인 조직적 노력이 이루어지지 않는다면, 어떤 식으로나 정체성이라는 프레임워크에 의문을 제기하는 것은 반인종주의 투쟁이 유효하다는 점을 부정하려는 시도처럼 보인다. 사실 사태는 더욱 심각하다. 어떤 식으로나 인종 이데올로기 자체를 의문시하는 것은 억압받는 이들이 지닌 행위성을 부정하는 것으로 보인다. 폴 길로이는 기념비적 저서 《인종에 반대하며》에서 억압받는 인민이 자신의 정체성과 맺는 양가적인 관계로 인해, 어떻게 이와 같은 수세적인 반응이 나오게 되는지 서술한다.

(모든 사회구조가 깔끔히 색깔로 구분되는 것은 아니지만) 인종적 사고와 그러한 사고에 의한 독특한 사회구조들에 종속되어 온 사람들은 수 세기 동안 자신들의 지배자, 주인, 박해자라는 개념과 범주 들을 받아들이면서도, "인종"이 자신들에게 부과한 운명에 저항하고, 그것이 자신들의 삶에 놓은 하등한 가치에 이의를 제기해 왔다. 이러한 억압받는 집단들은 스스로 고를 수 있었다면 분명 선택하지 않았을 가장 어려운 조건과 불완전한 소재에서 정치, 윤리, 정체성, 문화의 복잡한 전통을 만들어 왔다.

이러한 전통이 우리의 지구적 근대성을 형성하는 데 역할을 하였다. 하지만 그 역할은 "인종" 범주에 따라 전통을 분류함에 따라 주변화되어 "원시적이고 전前정치적인 것의 뒤안길"로 격하되었다. 이 전통을 주장하고 옹호하는 것은 인종 이데올로기를 강화할 뿐 아니라 변론과 보호의 방안을 제공한다. "모욕, 만행, 경멸"의 경험은 "예상과 달리 연대, 유희, 집단적 힘의 주요 원천으로 변한다." 길로이가 이어서 설명하듯이, 이러한 전환이 인종 이데올로기가 끈질기게 남아 있게 되는 강력한 요소이다. "인종적 특수성이라는 관념들이 이와 같이 방어적인 방식으로 전복되어 수치와 굴종이 아니라 자존감의 원천을 제공하게 된다면, 그 관념들을 포기하기 어려워진다. 많은 인종화된 인구층에게 '인종'과 그것이 뒷받침하는 힘겹게 얻은 대립적 정체성들은 손쉽게 혹은 조급하게 포기될 수 없는 것이다."[29] 하지만 이러한 동학은 단지 억압받는 이들이 의식적으로 자기 변호를 하는 문제로만 그치지 않는다. 그것은 이데올로기가 언제나 그렇듯이 무의식에 뿌리내리고 있다는 것, 주디스 버틀러가 우리에게 보여주었듯이 이데올로기와 근대적 형태의 정치에서 매우 중심적인, 주체화subjectivation와 예속화subjection 사이의 역설적 관계를 주목하게 한다. 버틀러가 주장하듯이 이러한 주체의 역설이 지닌 한 가지 근본적인 측면은 주체가 권력에 대한 "정념적 애착"과 얽혀 있다는 점이다. 이러한 애착은 아이들이 자기 부모에게 드러내는 애착이며, 여기서 부모는 독단적인 억압적 권위이면서도 자아의 모델이자 최초의 인정의

29 Gilroy, *Against Race*, 12.

원천, 그러므로 사랑의 대상이다.

우리가 주체로 구성되는 것은 국가 권력의 특징인 개인화 속에서 일어난다. 우리는 우리 자신의 정체성을 구성하는 상처들을 통해 정치적 행위자로 활동한다. 그 결과, 우리의 정체성은 기본적이고 토대주의적인 방식으로 우리를 이러한 권력에 연관시킨다. 버틀러는 바로 우리의 정치적 경험이 지닌 이러한 복잡하고 무의식적인 측면을 포착하려고 했다.

> 모욕적인 이름에 의해 호명될 때, 나는 사회적인 존재가 된다. 그리고 내가 나의 존재에 대한 불가피한 애착을 가지고 있기 때문에, 존재를 부여하는 용어를 나르시시즘이 통제하고 있기 때문에, 나를 모욕하는 용어가 나를 사회적으로 구성하기 때문에, 나는 그 언어를 포용하기에 이른다. 몇몇 정체성 정치학identity politics에서 나타나는 이러한 자기식민화self-colonizaing의 궤적은 이러한 모욕적인 언어의 역설적인 수용의 징후들이라고 할 수 있다.[30]

인종 정체성을 향한 정념적 애착이 지닌 특수한 형태를 이해하려면, 우리는 무의식이라는 모호한 영역—즉 시와 환상, 환영의 영역—속으로 들어가야 한다.

---

30 Butler, *Psychic Life of Power*, 104. [한국어판: 주디스 버틀러, 《권력의 정신적 삶》, 강경덕, 김세서리아 옮김, 그린비, 2019, 154쪽.]

4
패싱[1]

2015년 여름, 레이첼 돌레잘 사건으로 인해 인종의 정의가 전국적 스캔들이 되었다. 이스턴워싱턴대학교 아프리카계미국인학 강사이자 유색인지위향상협회NAACP 스포캔시 지부장이었던 돌레잘이 사실 몬태나주 출신 백인 여성이며, 흑인으로 패싱되었다는 것이 드러났던 것이다. "저는 저를 흑인이라 정체화합니다." 〈투데이쇼〉에서 이렇게 말하면서, 돌레잘은 자신이 정체성 프레임워크 속에서 살아가는 개인이기에 주권적 권리를 지닌다고 언급했다. 이러한 폭로는 당혹과 격분을 일으켰지만, 정체성을 둘러싼 스캔들은 그의 정체성 주장에 대해 논리 정연하고 일관된 비판을 정교하게 내놓는 것이 어려운 일임을 드러냈다.

소셜미디어에서 돌레잘을 향한 비난이 한창이던 동안, 나는 필립 로스의 《휴먼 스테인》을 집어 들었다. 이 소설은 클린턴 시대 말기를 배경으로 돌레잘 사건과는 정반대로 나타나는 시나리오를 묘사한다. 소설 속 아테나대학교에서 열린 한 수업

---

1 [옮긴이] 'Passing' 누군가가 자신과 다른 정체성에 소속된 사람처럼 행동하거나 혹은 그렇게 인식되는 상황을 말한다.

에서 고전문학 교수 콜먼 실크는 명단에 있는 두 학생이 학기 내내 결석했다며, "이 학생들이 실제로 존재하기는 하는 건가요, 아니면 유령들인가요?"라고 묻는다. **유령**Spooks[2]이라는 단어는 즉시 해석상의 문제를 드러낸다. 결석한 학생의 모습이 유령 같다고 말하는 것인가, 아니라면 냉담한 교수가 인종적 비난을 한 것인가?

우리는 소설을 계속 읽으면서 실크가 실제로는 연한 피부색을 지닌 흑인이며 한평생 백인으로 패싱하며 살아왔다는 것을 알게 된다. 로스가 이야기하듯이 패싱은 "독자적으로 발명해낸 행동"이었으며, 이후 돌레잘은 반대 방향으로 같은 행동을 반복한다.[3] 1990년대 미국에서, 실크의 삶과 명성은 그가 숨겨 온 흑인 정체성 때문이 아니라 반흑인 인종주의를 저질렀다는 다소 존재론적으로 반론할 수 없는 혐의를 받았기 때문에 망가진다. 이 소설은 인종차별로 인해 개인이 치른 대가들로부터 자유주의적 다문화주의가 지닌 여러 모순에 이르기까지 역사적 경로를 추적한다. 그 내용들은 짐 크로우Jim Crow 시대[4]에 실크가 백인으로 변신했던 역사와 그가 학계에서 몰락하는 서

---

2 [옮긴이] 영어 단어 'Spook'는 유령이라는 뜻을 갖고 있지만, 밤중에 돌아다니는 흑인들이 마치 유령 같다는 의미에서는 흑인에 대한 멸칭으로 사용되기도 한다.

3 Philip Roth, *The Human Stain* (New York: Houghton Mifflin, 2000), 345. [한국어판: 필립 로스, 《휴먼 스테인 2》, 박범수 옮김, 문학동네, 2009, 255쪽.]

4 [옮긴이] 남북전쟁 이후 노예제가 폐지되었으나 남부 주를 중심으로 흑인들을 공립학교, 대중교통, 식당 등 공공장소로부터 배제 및 분리하는 주법이 유지되었던 시기를 말한다. 이러한 인종 분리는 흑인들에게 "분리되었지만 평등한segregated but equal 지위를 부여함으로써 정당화되었다. 이 주법은 1964년 시민권법과 1965년 투표권법으로 인해 그 효력을 상실하였다. 짐 크로우는 당시 연극에서 백인이 시골 흑인으로 분장하여 흑인들을 희화화하기 위해 등장했던 캐릭터이다.

사를 통해 드러난다.

게다가 마이클 킴머지가 날카롭게 서술하듯이, 로스의 《휴먼 스테인》에서 절정에 이르는 로스의 "뉴어크 삼부작" 전체는 그의 또 다른 자아alter-ego인 가공의 소설가 네이선 주커먼이 미국사에 관한 여러 개인적 기억들을 전달받고 다시 서술하는 방식으로 정체성의 주춧돌이 되는 역사를 드러낸다.[5] 뉴어크 삼부작은 우리의 정체성 안에는 우리의 개인적 경험을 넘어서는 무언가가 존재한다는 점을 드러낸다. 정체성은 우리의 현실적 조건에 대한, 즉 구조적 변혁과 그에 대응하는 정치적 실천에 대한 상상적 재현물이다. 소설은 우리에게 이러한 모호한 관계를 바라볼 수 있는 독특한 기회를 준다. 소설 속 등장인물의 "생생한 경험"에서 우리는 개인들이 자신들의 희망과 소망, 욕구와 무관하게 일어나는 전면적인 역사적 변화를 어떻게 이해하는지 알 수 있다.

뉴어크 삼부작의 궤적은 전후 경제 호황의 등장과 쇠퇴, 그리고 백인 "종족들ethnics"이 주류로 동화되고자 하는 열망의 바탕이 되는 미국인의 자아 형성이라는 이데올로기를 따라간다. 《나는 공산주의자와 결혼했다》에서 로스는 유대인 공산주의자들과 노동조합 활동가들이 아메리칸드림에 사회적 평등이라는 이상을 들여오려 한 노력을 추적한다. 그것은 "공산주의는 20세기의 아메리카주의다."라는 인민전선의 개인적 표현이었다. 로스가 강조하듯 이러한 노력은 직접적으로 공산주의자들이 흑인 시민권을 위한 투쟁에서 주도적인 역할을 수행하는

5   Michael Kimmage, *In History's Grip* (Stanford, CA: Stanford University Press, 2012).

결과를 낳았다. 하지만 소설에서 나타나듯, 로스가 존경을 표하던 평등을 추구하는 미국의 태도는 그를 당혹스럽게 한 정치 프로그램에 대해 고집스럽게 집착하는 모습으로 약해졌으며, 매카시즘으로 인해 완전히 무너졌다.

그 뒤는 1960년대였다. 《미국의 목가》에서 로스는 개인적 성공이라는 아메리칸드림을 성취했던 한 동화된 유대인 "스위드" 레보프의 생애를 추적한다. 1960년대에 레보프는 자신의 꿈을 이룰 수 있게 했던 포드주의 경제가 도시 갈등, 인종차별과 인종주의가 낳은 파문, 제국주의 전쟁이 확대되면서 발생한 사회적 비용, 제조업 고용 인구의 급작스러운 감소로 인해 산산조각나는 일을 겪는다. 한때 미국 공산당이 열망했던 전국적이고 대중적인 의지가 이어지지 못했기 때문에, 레보프의 딸은 사회 변화의 정치를 절망적으로 바라보게 되고, 웨더 언더그라운드 식 테러리즘이 지닌 독단주의적 의지주의와 폭력에 이끌리게 된다.

이와 같은 역사가 만든 미국은 《휴먼 스테인》에서 드러나는 희극적이고 탈정치적인 분위기를 규정한다. 사회적 평등이 미국 문화 속으로 통합될 가능성이 정치 탄압과 산업의 쇠퇴로 인해 무너지면서, 정치는 불안한 진정성의 수행으로 환원되었다. 이제 개인의 정체성에 대한 단속은 매카시즘을 신좌파가 남긴 유산과 엮어 내면서 역사의 기묘한 반전을 일으킨다. 이것은 해리 헤이우드가 대중 투쟁과 단절된 공산당으로부터 밝혀낸, 백인우월주의에 대항하는 "거짓 전쟁"을 상기시킨다. "개인적인 것이 정치적"이라면, 그런 의미에서 우리 자신의 개인 정체성을 유행시키고 다른 이들의 정체성들을 감시하는 것 이외에 정치적인 실천은 있을 수 없다.

로스가 느낀 양가감정, 즉 그는 인종차별이라는 역사적 현실과 미국 전후 경제사가 미친 폭넓은 사회적 효과를 세심하게 주목했지만, 그러면서도 그 뒤로 이어진 탈정치화에 냉소적으로 절망했다. 그런 덕분에 로스는 현재의 경험을 예리하게 진단할 수 있었다. 그러나 그 진단이 현재 요구되는 유형의 역사적 분석과 정치적 대응을 대신할 수는 없다. 이러한 딜레마는 1964년 로스와 흑인 시인이자 호전주의자인 아미리 바라카Amiri Baraka[6]가 벌인 신랄한 설전에서 극적으로 드러났다. 그 당시에 바라카는 아직 리로이 존스LeRoi Jones라는 이름으로 알려져 있었다.

이 설전은 《뉴욕리뷰오브북스》에 실린 로스의 서평에서 시작되었다. 이 서평에서 로스는 리로이 존스의 《더치맨》과 제임스 볼드윈의 《미스터 찰리를 위한 블루스》를 부정적으로 평가한다. 《더치맨》은 자유주의적 인종통합주의integrationism의 실패와 백인 세계의 유혹적인 배반을 연극적 우화를 통해 드러낸다. 로스의 경멸적인 서평은 이 희극에서 나타나는 정치 비판을 그가 진정으로 이해하지 못했다는 점을 드러낸다. 그럼에도 불구하고 실제 논쟁 지점이 된 문장은 한 가지 통찰을 담고 있다. 이 문장에서 로스는 바라카 혹은 존스가 백인 청중을 향해

---

6   [옮긴이] 아미리 바라카(1934~2014)는 1961년부터 연극, 시, 소설 등 다양한 분야에서 작품 활동을 한 작가이다. 인종차별 문제를 폭로하는 흑인 예술운동의 선두에서 사회운동과 정치 활동에 참여하였다. 1974년 그는 흑인민족주의에서 벗어나 마르크스주의를 받아들이면서 더욱 전투적이고 급진적인 행보를 보였다. 이 성향이 반영된 후기 작품으로 논란이 일어난 적도 있지만, 랭스턴 휴즈, 제임스 볼드윈와 함께 중요한 흑인 작가로 평가받는다.

"그들이 연민이나 공포가 아니라 굴종과 자기 혐오를 느끼도록"《더치맨》을 쓴 것이라 추정하였다. 존스는 공격적인 편지를 통해 이렇게 응수했다. "당신 같은 '학문적인' 자유주의자들의 정신이 엄청나게 부패했다는 점은, 바로 당신들이 저지른 세계에 대한 왜곡을 크래커cracker[7]들이 하는 왜곡보다도 더 심오하게 취급하기 때문입니다."[8]

로스의 소설에 나오는 등장인물들과 마찬가지로, 이 두 인물의 생애와 이 둘이 자신이 겪은 경험을 소설로 재현하는 방식은 보다 폭넓은 사회 변화의 과정들을 드러낸다. 이 점이 더욱더 극적으로 드러나는 이유는 그들의 삶과 작품이 뉴저지주 뉴어크라는 같은 도시를 중심으로 하고 있기 때문이다. 뉴어크는 미국의 도시 및 산업의 역사와 변이된 정체성들을 담고 있는 소우주였다.

로스는 바라카보다 1년 먼저 뉴어크에서 태어났기에, 바라카가 겪을 예상 경로와는 다른 방식으로 뉴어크를 경험했다. 래리 슈워츠가 지적하듯이, 로스는 어린 시절을 위크아익Weequahic이라는 유대인 동네에서 보냈고, 그 당시는 초기에 일어난 뉴어크의 장기적인 산업 쇠퇴가 잠시 중단되었을 때였다. 이 쇠퇴는 1950년대에 맹렬히 재개되었고, 흑인이 유입되면서 동시에 백인이 이탈하였다. 로스는 이 시기를 그리워하였기에 평소답지 않게 세계를 순진하게 낭만화하였고, 뉴어크의 인종 및

---

7   [옮긴이] 미국 남부 백인들에 대한 멸칭.

8   Philip Roth, "Channel X: Two Plays on the Race Conflict," *New York Review of Books* (May 28, 1964).

계급 불평등을 불분명하게 하였다. 슈워츠가 이야기하듯, "로스는 냉철하고 사려깊고 풍자적인 현실주의자이지만, 뉴어크의 인종 정치를 상상할 때 그는 보수적인 '유토피아주의자'가 된다. 그는 자신의 자유주의적 시민권 의식과 워크아익에 대한 감상적인 낭만화가 뒤얽히는 것에 지나치게 사로잡혀 있었다."[9]

로스는 뉴저지 유대인의 정체성을 놓고 씨름하면서 유대인 공동체의 종교적 문화적 단속에 예속되었다. 그는 《굿바이, 콜럼버스》를 출간한 뒤, 1962년 예시바대학교에서 랠프 엘리슨과 함께한 "마이너리티 소설 작가의 양심 위기"에 관한 행사에서 공개적으로 "자신을 혐오하는 유대인"이라고 공격받았다. 그 뒤 로스는 책의 30주년 판 서문에서 "상상을 자극했던 양가감정"을 회상한다. 그것은 "부인하려는 욕망과 매달리려는 욕망, 충성심과 반란의 필요성, 도전적인 미지의 것으로부터 탈출하는 매혹적인 꿈과 친숙한 것을 꽉 붙들어 매는 반대의 꿈이었다."[10]

로스의 경우, 소외로 인해 생겨난 일종의 사회비판적 성향이 그를 정치화하는 방향으로 이어지지는 않았지만, 자신의 그리운 자아를 분열시키는 정체성 이데올로기를 향한 날카로운 감수성을 갖게 하였다. 로스는 정치를 피하였지만 《더치맨》 서평에서 저자가 특정 청중—리로이 존스가 지닌 내면 문제의 원천인 청중들의 백인성—과 맺는 독특한 관계를 정확하게 포착하였다. 《더치맨》은 존스가 백인 마을의 분위기에 맞서 일으킨

9 Larry Schwartz, "Roth, Race, and Newark," *Cultural Logic* (2005).

10 Philip Roth, *Goodbye, Columbus* (Boston: Houghton Mifflin, 1989), xiv.

미학적 반란이면서도 그 마을의 정체성 기준을 자기 방식으로 내면화한 것이었다.

그러나 로스가 포착하지 못했던 점은, 《더치맨》이 1964년 시민권법이 통과되기 수개월 전에 처음으로 상연되었으며, 그 자체로 당시 역사적 순간에 정체성과 정치의 관계에 대해 중요한 분석을 했다는 점이다. 반쯤 동화된 중간 계급 지식인인 주인공 클레이는 자신의 흑인 정체성을 애써 받아들이고, 반항적으로 분노하며 그가 지닌 백인성을 향한 갈망을 극복한다. 하지만 바라카가 주장하듯이, 그가 일으킨 반란은 개인적이었기 때문에 성공할 수 없다. 반란은 그가 살해되면서 끝난다.

바라카의 삶은 개인적 반란에서 집단적 조직으로 향하는 여정을, 흑인민족주의라는 정체성 기반의 정치에서 마르크스주의적 보편주의로 향하는 움직임을 보여준다. 사실 리로이 존스는—맬컴 엑스의 장례식을 집전했던 무슬림 이맘 하즈 히샴 자베르가 그에게 아미르 바라카트Ameer Barakat라는 이름을 지어 주었고, 그 뒤로 론 카렌가가 이름을 스와힐리어로 바꿔 주어 아미리 바라카가 되기 전까지—처음부터 정체성 위기에 빠져 있었다.

그가 자서전에서 떠올리는 어린 시절은 흑인, 갈색인, 황인, 백인으로 이루어진 그라데이션으로 특징지어진다. "이 색깔들은 일생 동안 내 삶을 이루는 몇 가지 바탕색이다. 일종의 개인적인, 그렇지만 꽤나 객관적인 계급 분석은 (확인해 보라.) 이 거리와 집들에 있는, 그리고 몇몇 사람들의 머릿속에 있는 몇몇 제기랄 것들과 상응했다." 뉴어크에서 "갈색인" 존스 가문의 삶은 "황색인"처럼 교외지 백인 전문직의 생활로 편입된 것도 아니었고, "저주받은 이들, 남겨진 이들, 버림 받은 이들"인 흑인의 삶도 아니었다.[11] 부모님은 사무실에 근무했고, 학교에서는 백인 학생 교사들과 시간을 보냈기에, 존스는 모호하고 색깔로 구별되는 방식으로 흑인 공동체 내부의 계급 차이를 경험했다.

존스가 받은 교육, 즉 지식인으로서 받은 훈련 덕분에 그는 이 그라데이션의 밝은 쪽으로 향하게 되었다. 그는 백인의 세계인 럿거스대학교를 떠난 뒤, 하워드대학교에서 갈색인과 황인의 세계를 경험했다. 그곳에서 그는 사교 생활을 하고 E. 프랭클린 프레이지어의 수업을 들으면서 미래의 "흑인 부르주아지"에 대해 알게 되었다. 그는 대학을 중퇴하고 공군에서 복무를 시작하였다가 그것마저 그만두었지만, 그동안 집중적으로 책을 읽었고 작가가 되는 것에 더욱 관심을 갖기 시작했다. 하지만 곧 작가가 된 자신을 인정하기 어렵다는 것이 드러났다. 존스가 회상하듯이, "나는 주로 백인들의 책을 읽었다. … 내가 다소 이상적인 지식인의 위치로 상승하는 여정은 동시에 나조차 이해할 수 없었던 흰색칠white-out을 향한 여정이었다." "백인의 단어"는 "비자아nonself의 뒤얽힘" 속에 그를 사로잡았다. "있는 그대로의 당신이 아니라 다른 사람이 되는 비자아의 창조가 일어난다. 그곳에서 흑인의 삶이라는 굴레들은 헐거워지고 당신은 태양빛을 받는 위대한 지적인 과거 속에서 자유롭게 떠다니고 생각한다. 들이켜며 탐독하고, 자신을 **타자**의 반성으

11 Amiri Baraka, *The Autobiography of Leroi Jones* (Chicago: Lawrence Hill Books, 1997), 53-54.

로 채워 넣으며."[12]

그 뒤 존스가 그리니치빌리지에 머물렀을 때, 이 흰색칠은
정점에 이르렀다. 그는 1965년 수필집《고향》서문에서 다음과
같이 썼다. "예술이란 '백인들이나 하는 것'이라 배웠기에, 나는
예술을 하기 위해 백인이 다 되었다."[13] 그러므로 존스가 지식
인으로서 이룬 개인적인 성공은 일종의 패싱을 의미했다. 찬사
를 받았던 존스의 초기 시는 스스로 겪은 인종주의와 자신이
속한 완전히 백인다운 사회 집단 사이에 사로잡혀 자아가 분열
된 경험을 담고 있다.

나는 나를 싫어하는

누군가의 안에 있다. 나는

그의 눈동자로부터 바라본다.

I am inside someone

who hates me. I look

out from his eyes.[14]

하지만 백인성을 향한 야심은 그의 마음속에서 떠오르던
정치의식과는 어울리지 않았다. 존스는 1960년에 혁명 후 쿠
바로 여행을 간 것을 시작으로 파트리스 루뭄바 암살에 항의
하는 유엔 시위에서 체포되었고, 마지막으로 맬컴 엑스가 급작

---

12   Baraka, *Autobiography*, 174.

13   Leroi Jones, *Home* (New York: Akashic Books, 2009), 22.

14   Amiri Baraka, *SOS*, ed. Paul Vangelisti (New York: Grove Press, 2015), 57.

스럽게 암살된 것에 분개하면서 비정치적인 예술에 더욱더 불만을 갖게 되었다.

흑인 정치 투쟁이 급격히 성장하면서, 존스는 더 이상 자아 분열을 견딜 수 없었다. 그는 흑인분리주의를 받아들였고, 정치와 시를 통해 백인들을 공격했다. 1964년 할렘 봉기가 일어난 뒤 그리니치빌리지에서 있었던 한 사건은 매우 악명 높은 예시를 보여준다. 그때 존스는 한 방청객으로부터 백인들이 그 봉기를 도울 수 있는 방법이 있는지 진심 어린 질문을 받았다. 그는 이렇게 답했다. "당신이 죽는다면 도울 수 있죠. 당신은 암덩어리입니다." 또 다른 질문자가 최근 미시시피에서 백인 시민권 활동가 2명이 큐 클럭스 클랜KKK에 의해 살해된 이야기를 꺼냈을 때, 존스는 그들을 폄하하며 이렇게 선언했다. "그 백인 소년들은 그저 자신들이 느낀 양심의 가책을 달래려고 했을 뿐입니다."[15]

그 뒤 자서전에서 바라카는 이 발언이 완전히 기만적이었다는 것을 인정하며 이렇게 이야기했다. 이 백인 활동가들은 "최전선에서 나보다 더 많은 일을 하고 있었다!" 당시까지도 정치적으로 우유부단하던 존스는 보헤미안 같은 백인 사회와 절연한 뒤 도심을 벗어나 흑인 미학과 흑인 혁명을 모색해 보려고 할렘으로 이사했다. 이후 흑인 미학과 흑인 혁명을 찾으러 그는 결국 고향 뉴어크로 돌아왔다. 이 고향은 그가 참여한 민족주의 운동이 일어날 공간이 되었다. 자신을 사로잡았던 뉴욕의 백인 힙스터 문화에 대해 이전보다 더 분노한 것을 반영하

15 Baraka, *Autobiography*, 285.

듯,《고향》서문은 그가 뉴어크로 돌아갈 조짐을 드러낸다. "이 책이 나올 때쯤, 나는 더욱 검어질 것이다."[16]

그는 1960년대 중반에 "흑인성"을 추구하기 시작했지만, 이 범주는 그 자체로 순전히 정치적이기만 한 것은 아니었다. 흑인성은 리로이 존스가 지닌 백인성을 부정하는 것과 마찬가지였다. 하지만 그것은 또한 바라카가 구체적인 정치적 실천으로 향했다는 점을 드러냈다. 경찰이 흑인 택시 기사를 구타한 사건이 일으킨 1967년 뉴어크 봉기에서 바라카는 구타와 체포, 감금을 경험했고, 흑인 호전주의의 상징으로 변모하였다. 그 경험은 또한 그를 완전히 문화민족주의로 향하도록 이끌었다. 《미국의 목가》에서, 장갑 사업에서 은퇴한 루 레보프는 아들에게 이렇게 불평하면서 공장을 뉴어크에서 철수하라고 설득한다. "그 리로이 존스라는 개자식, 그 어릿광대 같은 놈, 그 염병할 모자를 쓴 그놈이 자기를 뭐라고 부르는지는 몰라도, 어쨌든 그놈 때문에 사업 전체가 하수구로 빨려 내려가고 있어."[17]

뉴어크 등지에서 여러 차례 일어난 도시 반란은 전국적 규모에서 일어난 정치적 전환점이었다. 이 반란들은 시민권운동이 입법 승리를 얻어 냈음에도 흑인들이 계속해서 억압받고 있을 뿐 아니라, 전후 사람들이 누린 풍족함에도 배제되었다는 점을 강조했다. 이 폭발적인 반란은 바로 이러한 상황이 조용히 용인되지 않을 것이라는 점을 지시했다.

---

16 Jones, *Home*, 22.

17 Philip Roth, *American Pastoral* (Boston: Houghton Mifflin, 1997), 164. [한국어판: 필립 로스, 《미국의 목가 1》, 정영목 옮김, 문학동네, 2014, 250쪽.]

이러한 맥락에서 민족주의자들은 흑인의 자기 조직화를 요청하였고, 이는 통합에 대해 느낀 실망에 현실성 있는 대안처럼 보였다. 코모지 우다드는 바라카를 흑인 의식의 제2의 발전 모델로 제안한다. 제1의 모델은 맬컴 엑스라는 모범적인 사례로, 그는 "자기 변혁과 종족 재건을 향한 풀뿌리 조직의 경로"를 밟았다.[18] 바라카는 대중운동으로 이끌린 지식인의 경로를 밟았다. 바라카가 초기에 그리니치빌리지의 비트 문화에 참여했던 것은 그가 사회에 대해 "낭만적으로 거부"했다는 점을 반영하며, 이는 문화민족주의의 단계로 향하는 길을 열었다. 이러한 거부는 맬컴 엑스가 강조했던 풀뿌리 조직에 기반한 흑인 의식의 집단적 발전과 정치적으로 수렴했다. 바라카에 관한 훌륭한 정치적 연구인 우다드의《민족 안의 민족》은 이러한 수렴이 단순히 의식의 문제가 아니라 조직적으로 나타난 현상이었다는 점을 보여준다. "흑인 민족성의 형성"은 여기에 상응하는 제도를 만든 여러 경제적 및 정치적 발전 과정에 의해 만들졌으며, 이 제도들은 자율적인 자기 조직화를 통하여 흑인들이 미국 사회의 핵심 제도로부터 배제되는 것에 대항하였다. 이러한 발전 과정은 흑인 예술Black Arts에서 그 기원을 찾을 수 있다. 흑인 예술은 미학적 양식이었을 뿐 아니라, 그 양식에 상응하는 극장, 학교, 지역예술회관을 아우르는 여러 제도를 형성하였다. 무엇보다도 할렘의 흑인예술레퍼토리극장/학교 Black Arts Repertory Theater/School를 만들었다. 뉴어크에서 바라카는 이와

---

18 Komozi Woodard, *A Nation within a Nation* (Chapel Hill: University of North Carolina Press, 1999).

같은 실천으로 지역예술회관인 영혼의 집 사업과 아프리카인 민회의의 인프라 사업을 추진하였고, 이 사업들은 주거 및 소비자 협동조합으로 이어졌다.

로버트 앨런은 고전《자본주의 미국에서 흑인의 각성》에서 다음과 같이 기록하였다. "인종 통합으로 중간 계급 흑인들은 기쁘게도 자신들이 흑인성에서 벗어날 수 있다는 전망을 가질 수 있었다. 하지만 어떤 이유에서든 백인 사회가 인종 통합의 문을 닫은 것으로 보이면, 흑인 부르주아지는 민족주의적 입장을 받아들임으로써 여기에 반응한다."[19] 이처럼 흑인 중간 계급 중 일부는 입장을 바꾸어 집단적 연대와 백인 사회에 대한 적개심을 추구하는 자생적 성향과 맞닿았다. 이런 성향은 이 도시 반란에 참여한 흑인 노동자와 실업자 들에게서도 나타나고 있었다. 흑인 중간 계급은 민족주의를 받아들임으로써 자신들이 이 경제적 하층민들을 지도할 수 있다는 것을 정당화하는 동시에 하층민을 소외시키는 경제 개선 프로그램도 정당화할 수 있었다.

1967년 캘리포니아에 머물 동안 바라카는 론 카렌가의 US기구에 방문하고 매우 큰 감동을 받았다. 카렌가의 조직은 잘 규율되어 있었고, 할렘과 뉴어크에서 바라카가 여러 제도를 만들었던 시도보다 더 많은 것을 해냈다. US기구는 "카와이다 Kawaida"[20]라는 이데올로기를 갖고 있었고, 이것은 아프리카 전

---

19 Robert Allen, *Black Awakening in Capitalist America* (Trenton, NJ: Africa World Press, 1990).

20 [옮긴이] 스와힐리어로 전통 혹은 이성을 의미한다. 론 카렌가는 아프리카 가치 체계를 부활시킴으로써 종교, 역사, 사회 경제 및 정치 조직, 윤리 등에서 새로운 아프리카계 미국인들의 문화를 만들어야 한다고 주장하였다. 이 가치 체계는 통합, 자기 결정, 공동의 노동과 책임, 협동 경제, 목적, 창의성, 신념이라는 일곱 가지 원칙으로 이루어져 있다.

통에서 나왔다고 추정되는 "흑인의 가치 체계"에 기반하고 있었다. 하지만 사실 이 연기는 부자연스러웠고, 실상 아프리카인으로 패싱되려는 시도일 뿐이었다. 그 뒤에 바라카는 카와이다를 "거짓 흑인성의 보편성"이라고 비판했다. 즉, 카와이다는 히피 반문화와 보수적인 준봉건적 전통을 비논리적으로 뒤섞어 놓은 것이었으며, 이 둘은 아프리카계 미국인의 실제 삶과는 완전히 거리가 멀었다.[21]

> 추상적인 형이상학적 헛소리는 이들을 지겹게 만든다
> 반혁명적, 이기적, 심각하지 않은 가짜
> 모방자들, 빨갱이 딱지꾼들, 영원히 상주하는 시인들
> 특이한 트위드 자켓을 입은 흑인학 포주들
> 레오파드 스킨 사기꾼들, 터번을 두른 허슬러들
> 부정한 돈벌이꾼들, 유색인 자본가들, 흑인
> 착취자들, 아프리카계 미국인 대사관 선수들
> Abstract metaphysical shit talking bores
> counter revolutionary, selfish, unserious pseudo
> imitators, red baiters, poets forever in residence
> Black studies pimps in interesting tweed jackets
> Frauds in leopard skin, turbaned hustlers w/ skin
> type rackets, colored capitalists, negro
> exploiters, Afro American Embassy gamers[22]

---

21 Baraka, *Autobiography*, 463.

22 Amiri Baraka, *Selected Poetry of Amiri Baraka/LeRoi Jones* (New York: William Morrow and Company, 1979), 252–53.

그러나 흑인의 가치 체계란 정치적 상황에 반향을 일으킨 물질적 실천이 낳은 이데올로기였다. 아프리카인민회의는 바라카가 도시 반란 이후 건설하려고 활동했던 민족주의 조직이었고, 이 조직은 문화민족주의 이데올로기를 그에 상응하는 제도를 만드는 폭넓고 실용적인 정치 프로젝트와 연결시켰다. 이런 면에서 아프리카인민회의는 학교에서부터 주택 공급 프로젝트까지 다양한 노력을 벌였고, 선거 캠페인에 집중한 덕에 흑인들이 지방의 정치권력을 쥐게 되었다.

문화민족주의에서 이데올로기는 이러한 조직의 발전을 반영한다. 하지만 흑인 민족성의 형성은 매우 모순적인 프로젝트인 것으로 드러났다. 도시 반란은 이미 정책 결정자들이 경제적 개입을 통해 미래에 있을 갈등을 회피할 필요가 있다는 점을 납득시켰으며, 그 결과 시민권운동이 얻어 낸 흑인의 법적 선거권 부여를 확고히 하였다. 그 뒤에 흑인의 자기 조직화와 백인의 권력 구조 사이의 쉽지 않은 관계가 나타났다. 실제로 흑인예술레퍼토리극장/학교는 존슨 행정부로부터 상당한 지원을 받던 반빈곤 반봉기 사업 할렘유스오퍼튜니티언리미티드Harlem Youth Opportunities Unlimited로부터 재정 지원을 받고 있었다.

더욱이, 민족주의 형성의 기반이 된 실제 풀뿌리 기층 조직들은 케네스 깁슨 같은 기술 관료를 비롯한 주류 정치인들의 이목을 이끌었다. 바라카가 민족주의자로서 초기에 했던 정치 활동은 선거 캠페인에 집중하는 것이었고, 덕분에 뉴어크에서 깁슨은 최초로 흑인 시장으로 선출되었다. 이러한 정치적 동맹은 아프리카인민회의의 중심적인 전략 방향인 흑인통일전선—

풀뿌리 기층 조직을 흑인 정치 엘리트들과 흑인 부르주아지와 함께 묶는 통일전선—을 건설하는 프로젝트에 부합했다.

그러나 민족주의가 이뤄 낸 정치적 승리는 역설적으로 민족주의에 상응하는 제도들이 더욱 다인종화된 주류 세력으로 거의 편입되는 결과를 낳았다. 이것은 1970년대에 관한 우리의 문화적 기억 중에서도 중요한 부분이다. "우리는 뉴어크를 얻었고, 개리를 얻었지. 누군가는 우리가 LA를 얻었다고 전해. 그리고 우리는 애틀랜타에서 활동하지." 조지 클린턴은 밴트 팔리아멘트Parliament의 1975년 싱글 〈초콜릿 시티〉에서 이렇게 이야기한다. 우연치 않게, 흑인 시장이 당선된 도시 목록은 뉴어크와 인디애나주 개리시에서 시작한다. 1970년 뉴어크에서 바라카가 케네스 깁슨이 선거에서 승리하는 데 중요한 역할을 했다면, 개리는 바라카의 조직이 1972년 전미흑인정치회의National Black Political Convention를 주도했던 곳이었다.

조지 클린턴은 "그들은 여전히 백악관이라 부르지만, 그건 어디까지나 일시적일 뿐이야."라고 이야기하기까지 한다. 오바마가 당선된 날 내 마음속에서 〈초콜릿 시티〉가 들려왔다. 이 사건은 1970년대부터 시작된 주변에서 중심으로 향하는 움직임의 누적된 결과였고, 민족주의 정치가 지닌 모호함이 여전히 권력 구조에 대한 적대로 이어질 수 있는 시기가 끝났다는 점을 매우 결정적으로 드러냈다. 1970년대는 흑인 정치의 용어들이 뒤죽박죽되고 있음을 드러냈다. 민족주의가 풀뿌리 기층 조직을 동원하여 만들었던 여러 제도들은 이제 국가 자체로 편입되고 있었고, 민족주의를 자기 이점으로 활용하던 흑인 정치 지도부는 이 편입을 촉진하였다.

요약하자면, 민족주의는 한때는 잠재적으로 혁명적인 이데올로기로 등장했다. 민족주의에 상응하는 새로운 제도들의 건설은 체계적인 흑인 배제에 기초한 사회구조를 향해 만연했던 적개심을 동원했다. 흑인 노동자계급의 주변화를 극복할 가능성은 지식인 지도부와 풀뿌리 기층 조직 사이의 단결에 대한 미약하지만 객관적인 이유를 제공했다. 하지만 흑인 엘리트의 선거 승리로 나타나듯이, 이 상응하는 제도들이 주류 세력으로 편입된 것은 자본주의 국가가 민족주의적 도전을 흡수할 역량을 가졌음을 증명한 것이었다. 블랙파워 운동 이후로도 오랫동안 남아 있던 인종 단결 이데올로기는 흑인 엘리트의 하향식 통제를 합리화했고, 계급적 차이를 흐리도록 만들어 흑인 엘리트가 주류 세력으로 진입할 수 있게 보장했다. 흑인 정치 계급은 1970년대에 경제 위기, 탈산업화, 치솟는 실업률이라는 맥락에서 등장했다. 그저 인종 단결이라는 관점에서 생각된 정치는 자본주의가 경제 위기가 낳은 비용들을 노동에게 떠넘기려 하는, 긴급 과제를 향해 구조적으로 도전할 수 없도록 막았다. 흑인 정치인들은 고용주들의 공세를 촉진했고, 자신들의 대중적 지지층을 구성하는 노동자계급적 요소를 배반했다.

바라카는 깁슨 시장이 있던 뉴어크에서 이 점을 직접적으로 경험했다. 바라카는 깁슨이 신식민주의자에 불과하다고 결론 내리며 마르크스주의에 마음을 열었고, 그에 따라 아프리카인민회의의 방향을 바꾸기 시작하였다. 바라카는 시 〈바퀴의 역사〉에서 흑인 정치 엘리트의 편입이 낳은 새로운 결과를 포착한다.

… 부자 검둥이들이

우리가 행진하고 그들의 물질적 기반을

지어 준 뒤 보여준 길, 이제 검둥이들은

범아프리카 고속도로 한가운데에 남겨져,

영원한 인종주의, 신성한 백인우월주의

십만 달러와 일 년의 억압

그리고 이제 산업화, 호전적인

신흥 계급의 자원, 그것의 역사적

가치 실현을 읊조린다. 그들 사이에 존 존슨과

엘리야, 데이비드 록펠러는 미소 지으며

자신의 머리를 눕힌다.

… The way the rich blackies showed

after we marched and built their material

base, now niggers are left in the middle

of the panafrikan highway, babbling about

eternal racism, and divine white supremacy

a hundred thousand dollar a year oppression

and now the intellectualization, the militant

resource of the new class, its historical

valorization. Between them, john johnson

and elijah, david rockefeller rests his

smiling head.[23]

---

23   Baraka, *SOS*, 160.

몇 년 뒤, 바라카는 〈뉴욕타임스〉에 실린 기고문 "뉴어크에 대한 한 급진주의자의 시각"에서 이 경험을 회고하며 다음과 같이 떠올렸다. "그때 저는 흑인민족주의자, 문화민족주의자였고 계급투쟁의 실상을 이해하지 못했습니다. 저는 흑인의 투쟁이란 백인에 대항하는 것, 단지 그뿐이라고 생각했고 수천 명의 사람들에게 그렇게 이야기했죠." 이제 바라카가 이해하기에 그가 범한 오류는 백인 정치인의 자리를 흑인이 대체함으로써 "우리가 진정으로 해방으로 나아갈 수 있다."고 생각했던 것이었다.[24]

"협소한 민족주의는 백인이 적이라고 말합니다." 바라카는 1974년 〈뉴욕타임스〉에 이렇게 이야기한다. "우리는 그런 죄를 저질렀지만, 그것은 전혀 과학적이지 않았습니다."[25] 그의 정치 활동은 이제 분리주의적 문화를 만드는 것이 아니라 택시 기사 파업을 조직하는 것으로 향했다. 바라카는 민족주의자로서 느낀 경험을 통해 정체성과 정치를 일직선상에 놓을 수 없다는 점을 알게 되었다. 동시에 그 둘을 동일시하는 것이 맞는 것처럼 보인다. 흑인민족주의는 정체성을 이유로 구조적으로 주변화된 인구층을 위하여 정치 프로그램을 제시하였다. 제도 건설이라는 물질적 과정들에 기반하는 민족주의 이데올로기는 이 주변화된 정체성을 높이 평가하고 이에 대해 단정 지어 이야기했다. 하지만 바로 미국 엘리트의 인종 통합, 즉 기득권 세

---

24 Amiri Baraka, "A Radical View of Newark," *New York Times* (October 17, 1976).

25 Joseph F. Sullivan, "Baraka Drops 'Racism' for Socialism of Marx," *New York Times* (December 27, 1974).

력의 다양화는 정체성과 정치를 동일시할 수 없도록 만들었다.

부유한 이들의 환심을 사려는 신임 흑인 정치인들에게, 정치를 정체성으로 환원시키는 것보다 편리하게 이용할 수 있는 것이 무엇이 있었겠는가? 민족주의의 승인 도장을 받아 신자유주의 정책들이 시행될 수 있었고, 여기에 대한 비판은 백인 인종주의에 대한 항복이라는 이유로 묵살되었다. 바라카가 지적하듯이, 이러한 동학으로 인해 깁슨 시장이 있던 뉴어크에서 저항은 극적으로 약화되었다.

> 이 도시에서 흑인 무슬림인 교육위원회 위원장은 자본가들과 영합하여 각국 사람들에 대한 예산을 삭감하고, 교과목에서 예술, 도서관 서비스, 음악, 가정학을 제외하여 뉴어크 교사의 20퍼센트를 해고하려 들었고, 연 3천에서 4천 달러를 이유로 지금 파업하고 있는 식당 노동자, 경비원, 정비원을 비난하고 있다.[26]

이 시점에서 아프리카인민회의는 혁명적공산주의자연맹으로 다시 태어난다. 그 뒤 혁명적공산주의자연맹은 차이나타운의 공산주의 그룹 의화권과 치카노계 8월29일운동August Twenty-Ninth Movement이 합병해 만들어진 혁명적투쟁연맹과 합병되었다. 이 공산주의 운동은 인종을 초월한 연대를 그 활동 원칙으로 실천했던 운동이었다. 바라카는 이렇듯 여러 번 전향을 거쳤지만, 그의 마르크스주의는 이제 전혀 흔들리지 않게 되었다. 그렇지만 바라카의 마르크스주의는 지속적으로 변화하는 국면

---

26 Baraka, "Radical View."

에 있기도 했다. 1970년대 반자본주의 운동은 양면 공격에 대응해야 했다. 자본가들은 축적에 방해되는 모든 장벽을 없애려고 노동자를 향해 가혹한 공격을 퍼부었고, 사회민주주의적 개혁이 일어날 여지는 사라져 가고 있었다. 후자의 경우 자유주의 정치인들은 기업에 충성하고 있었으며, 노동조합 관료들은 "실리적 노동조합주의business unionism"로 병합되어 있었다.

시민권운동, 반전운동, 페미니스트 운동 출신 사회운동 조직가들은 이러한 공격에 대응하려는 노동자들의 투쟁심에 불을 붙이는 데 중요한 역할을 수행했다. 신공산주의운동 대오는 주로 노동 현장에서 조직되었고, 바라카의 혁명적투쟁연맹을 비롯한 일부는 조직원들을 공장에 침투시켜 전미자동차노동조합과 같은 노동조합 내부에 호전적인 간부들이 등장하도록 만들었다.[27] 하지만 위기와 구조조정이 발휘한 엄청난 압력과 미국 정치의 급격한 우선회는 분열되어 있던 좌파를 완전히 압도했다. 여전히 우리는 그 결과들을 받아들이지 못하고 있다. 맥스 엘바움이 중요한 저서 《허공 위의 혁명》에서 보여주었듯이, 공산주의자들은 독단주의적인 파국론으로 인해 그 시대에 적합한 전략을 구상하지 못했다.[28] 혁명적 위기가 임박했다는 그들의 가정이 틀린 것으로 드러났을 때, 새로운 전략은 명확하게 모습을 드러내지 않았다.

민족주의적 순간이 그 조직 형태와 전략과 함께 사라지면

---

27 다음을 보라. Salar Mohandesi, "Between the Ivory Tower and the Assembly Line," *Viewpoint* (March 2014).

28 Max Elbaum, *Revolution in the Air* (New York: Verso, 2002).

서, 호전주의자들은 초창기부터 신공산주의운동을 괴롭혀 왔던 한 가지 미해결 문제와 마주했다. 험악한 미국 정치 분위기 속에서 혁명적 조직은 어떻게 건설될 수 있는가? 마르크스주의는 이러한 과정과 그 모순, 그리고 당면한 정치적 임무에 관한 명확한 설명, 즉 이에 관한 계급 분석을 제공한다. 하지만 자본주의가 구조조정을 겪고, 노동자계급 및 그들의 정치 제도가 해체되는 맥락에서, 신공산주의운동은 조직적 대안을 찾지 못하고 방향을 잃어버렸다.

이러한 신공산주의운동의 정치적 위기는 준민족주의가 남긴 유산에 의해 과잉결정되었다. 인종 단결이 지닌 사각지대는 블랙파워가 마르크스주의로 전환된 뒤에도 남아 있었다. 심지어 혁명적 민족주의조차 하나의 통일된 흑인 "공동체"가 통합된 "이해관계"를 갖고 있다고 계속해서 가정하고 있었다. 바라카와 여타 많은 흑인 급진주의자들은 1970년대에 가혹한 교훈을 배웠다. 이들은 이러한 접근법으로 인해 레이건 시대 미국에서 흑인 정치인들의 사소한 프로그램에 자신들의 정치를 반영시키는 데 예민했다. 우파로부터 이러한 공격이 있었던 맥락에서, 흑인통일전선을 고수하는 방안으로 1960~1970년대 운동이 이룬 성취를 지켜 내는 것이 진정 최선의 길로 보였을지도 모른다. 하지만 실제로 그 방안은 그들을 억누르려 등장했던 중립화 경향에 굴복하는 것을 의미하기도 했다.

많은 베테랑 활동가들이 어떤 계획적인 대안도 없이 제시 잭슨의 무지개연합에 희망을 쏟았다. 바라카는 오래 전부터 잭슨을 알고 있었다. 잭슨은 많은 블랙파워 행사에 나타나 "무슨 시간이라고요?"라고 묻고 "민족의 시간입니다!"라는 답을 듣는 구호를 끌어냈다. 바라카는 기회주의적인 잭슨의 모습에 상당히 회의적이었지만 그 캠페인을 지지했다. 바라카는 잭슨에게 민주당에 대항하는 대중 동원을 같이 지지해 달라고 요청했지만 무시당했다. 잭슨의 활동이 민주당 우파에게 무지개색 정당성을 주는 데에까지 이르자, 잭슨에게 투항하는 일이 심각한 전략적 오산이라는 점이 드러났다. 1980년대, 인종적 관점에서 이해된 단결이 혁명적 방향으로는 도저히 이어질 수 없게 된 새로운 정치적 맥락에서, 흑인 엘리트에 대한 예속은 긴축이라는 긴급 과제를 추종하는 것을 의미했다.

어쩌면 1960~1970년대의 대중 조직을 그리워하기 때문에 우리가 현대의 실상을 마주하지 못하는 것일지도 모른다. 그러한 조직이 없는 상황에서 **패싱**은 정치적 태도를 견지할 방법을 모색하는 지식인들을 자연스럽게 유혹한다. 이상하게 보이겠지만 실제로 레이첼 돌레잘이 그 전형적인 사례가 될 수 있다. 그는 정치가 정체성의 수행으로 환원된 결과, 자신을 주변부로 위치시키는 것이 정치적 태도를 견지할 방안의 공인된 절차가 되었다는 점을 예시로서 보여준다. 정치를 정체성으로 대체한 현대의 "유색인" 지식인들은 리로이 존스가 초기에 주변의 백인적인 환경과 그 환경이 촉진하는 백인적 자아를 부정했던 모습을 반복하고 있다. 계층 상승을 바라며 이웃을 소외시키는 양가감정을 일상적으로 느끼는 제1세대 대학생들과 피부색을 내세우며 자신들의 계급적 지위를 숨기려는 교직원들에게, 정체성 정치는 백인 죄의식을 독특한 방식으로 수용하는 것으로 나타났다.

이러한 의미에서 패싱은 보편적인 조건이다. 우리는 모두 레이첼 돌레잘이다. "네 특권을 확인하라."고 하는 무한 후퇴는 결국 모든 이들이 전혀 진정한 무언가가 아니라는 점을 폭로할 것이다. 그러므로 우리가 패싱으로 인해 매우 불안해 한다는 점은 전혀 놀랄 만한 일이 아니다. 패싱은 우리에게 정체성에 관해 너무나 많은 것들을 드러낸다. 즉, 정체성과 정치의 동일시라는 추악한 비밀 말이다.

바라카는 문화민족주의를 경험하며 이 점을 발견해냈다. 바라카는 흑인 공동체 내부에서 자라나는 계급적 차이와 흑인 정치 계급의 편입을 경험하면서, 자신의 정체성 이데올로기가 더 이상 충분치 않다는 결론에 이르렀다. 그가 자서전에서 회고하듯이, 이 이데올로기 또한 특정한 계급적 지위 속에 위치했다. 즉, 흑인 지식인이 처한 곤경은 다음과 같았다.

> [그들은] 오랫동안 하얗게 칠해져서 이제는 여러모로 위조된 "흑인성"을 광적으로 주장하고 있었다. 이러한 일종의 **흑인 보헤미안주의**는 중간 계급을, 흑인 대중들이 자신들을 따르도록 꾸짖는 위치로 다시금 되돌려 놓았다. 이 흑인 중간 계급이 흑인 노동자들과는 다르게 어떻게 흑인다울 수 있는지를 안다는 이유 때문이었다.[29]

바라카는 정체성과 절연하고 대중 조직을 향한 프로젝트

---

29   Baraka, *Autobiography*, 342.

를 시작했지만, 이 프로젝트는 불완전한 상태로 남아 있다. 몇 년이 지난 뒤, 신공산주의운동은 대중 조직의 재건을 막은 장애물들을 이해하려 애썼다. 이 조직에서 펴내는 매우 수준 높은 학술지 《이론 평론》과 제휴했던 폴 사바는 최근 당시의 지배적 추세는 부정확하게 "파시즘이 부상할 위험이라는 렌즈로 레이건주의와 신자유주의의 등장을 분석하려 했던" 점이었다고 회고했다. 그 대신에 그의 동지들은 "스튜어트 홀 등이 영국에서 썼던 대처리즘에 관한 저술들"에 주목했고, "그곳에서 나온 분석들이 미국에서도 일어났던 사건을 이해하는 것과 직접적으로 연관되어 있다."고 결론 내렸다.[30] 레이건과 대처에서 클린턴과 블레어를 거쳐 트럼프와 메이로 이어지는 연쇄를 고려할 때 이러한 유사성은 여전히 적절하다.

---

30 Paul Saba, "Theoretical Practice in the New Communist Movement," *Viewpoint* (August 2015).

5

법과 질서[1]

　2016년 11월 도널드 트럼프의 대통령 당선은 대다수 미국 사회에 충격적이었다. 그의 캠페인 슬로건 "미국을 다시 위대하게Make America Great Again"는 힐러리 클린턴의 "미국은 이미 위대하다America Is Already Great"라는 미약한 반론과 마주했다. 민주당은 거의 준비하지 못했던 것에 책임을 져야 했다. 트럼프의 등장은 수십 년 전 있었던 반동적 흐름을 통해 이미 예견되어 있었다. 로널드 레이건을 통해 미국에서 이러한 반복이 일어날 것임이 예견되었다. 1980년 대통령 선거에서 승리했을 때, 레이건은 "미국을 다시 위대하게 만들자!Let's make America great again!"라는 캠페인 포스터를 걸었다. 미국 좌파는 닉슨부터 레이건, 부시, 트럼프까지 이어진 장면들을 받아들이지 못했지만, 자메이카에서 태어난 영국 지식인 스튜어트 홀은 마찬가지로 사람들을 동요시켰던 마거릿 대처의 등장을 포착하는 데 많은 시간을 보냈다. 인종과 정체성에 관한 명민한 이론가인 홀은 국가

1　[옮긴이] 법과 질서law and order는 폭력 범죄와 강도 등에 매우 강력한 형벌로 대응하는 형법 체계를 요구했던 신우파 세력들이 강조한 정치적 의제이다. 법 질서 정치는 이 '법과 질서'를 수호하기 위해 국가가 적극적으로 관여해야 한다는 것을 강조하기 위해 등장하였다. 법 질서 정치는 사법 및 치안 권력이 경찰 폭력이나 인종 프로파일링, 대규모 구금 등으로 악용될 가능성 때문에 비판받는다.

권력과 계급투쟁을 매우 기민하게 다룬 이론가이기도 하다. 그는 노동자운동의 해체 및 해산과 지배계급의 새로운 정치 전략을 분석하였고, 그의 분석은 정체성 정치가 뿌리내리면서 변화된 정치 영역을 이해하려고 할 때 필수적이다.

홀의 저작은 흥미로운 비교거리를 보여준다. 미국과 비교했을 때, 영국은 매우 힘찬 노동운동과 사회주의 운동이 일어난 장소로 나타난다. 이 점은 아마도 오늘날 미국 주류 정치의 소위 좌파들이 불가능하다고 일축했던 전국적인 의료보장 체제가 영국에 존재한다는 점 때문에 매우 극적으로 드러날 것이다. 게다가 영국은 명목상이더라도 사회주의 정당이 빈번하게 정부 수반으로 있었을 뿐 아니라, 미국에서는 고대사 이야기처럼 보이는 호전적인 노동자 행동이라는 전통도 존재한다.

하지만 유럽에서 몇몇 경우에 공산당 당원이 수백만 명에 이르렀다는 맥락에서 보면, 영국은 자주 예외적 사례로 여겨진다. 영국은 자본주의 생산양식에 대한 마르크스의 분석이 탄생한 본고장locus classicus이자 최초로 산업 노동자운동이 일어난 장소였지만, 정치적으로는 완전히 후진적이었다. 노동당은 자본주의 체제와 맞서기를 꺼리며 의회기회주의에 흡수되었고, 노동조합들은 산업별 요구 및 노사 분쟁과 진정한 대중 정치 조직을 이을 다리를 놓지 못했다.[2] 그러므로 우리에게 영국은 두 가지 상이한 비교 지점을 드러낸다. 첫 번째, 미국과 대비하여 영국에서는 노동운동과 사회주의 운동이 상대적으로 살아남았다. 두 번째, 미국과 상당히 유사하게 이러한 운동들이 현실

---

2   이 주제에 관해서는 다음을 보라. Asad Haider, "Bernstein in Seattle," *Viewpoint* (May 2016).

적인 반자본주의적 대중 조직을 수립하는 데에는 실패했다.

홀은 1978년 버밍엄대학교 현대문화연구센터 동료들과 함께 쓴 공저서 《위기 단속하기: 강도, 국가, 법 그리고 질서》에서 영국 정치가 지닌 특수성을 분석하여 제시했다. 이 연구는 미디어의 범죄 재현에 관한 분석으로 널리 알려져 있으며, 특히 이러한 재현이 인종 정치와 연관되어 있기 때문에 문화 연구 영역에서 매우 영향력이 있다. 하지만 《위기 단속하기》가 탁월한 점은 인종적 재현을 1945년 이후로 우세했던 전설 속의 "전후 시대의 합의"가 소멸되면서 일어난 정치적 및 경제적 변화 속에 위치시켰다는 점이다. 1945년은 노동당이 다수파 정부를 만든 시기였다.

《위기 단속하기》는 범죄가 재현되는 인종적 동학을 이해하기 위해 제2차 세계대전 직후 시기에서 출발한다. 그때 국가는 몰락한 산업들을 장악했고, 상당 비중의 노동자들을 고용하였으며, 수요와 고용을 조절하고, 사회복지를 책임지며, 기술 발전의 요구사항에 맞추기 위해 교육을 확대하고, 대중매체에 더욱 관여하고, 국제 무역의 균형을 맞추려 노력했다. 노동당이 사회주의에 전념할 것을 선언했지만, 이러한 경제 안정화가 그 바탕이 되는 경제 체제를 근본적으로 바꾸지는 못했다. 그러나 경제 안정화 덕분에 전후 시기의 전례 없는 경제성장을 바탕으로 복지국가가 건설될 수 있었고, 《위기 단속하기》에서 이야기하듯이 "경제 영역에서 늘어난 국가의 역할"을 바탕으로 대의민주주의가 발달하였다.[3]

---

3 Stuart Hall, Chas Critcher, Tony Jefferson, John Clarke, and Brian Roberts, *Policing the Crisis: Mugging, the State and Law and Order* (Basingstoke: Palgrave Macmillan, 2013), 224.

하지만 노동자계급을 대표한다는 주장과 노동자계급의 이해를 국가기구의 확대와 동일시하는 것은 세계 경제의 불안정이 고개를 들자 새로운 문제를 제기하게 되었다. 영국 경제는 전후 지구 전역에서 일어난 호황기를 누렸으나, 제국이 남긴 유산과 낡은 산업기반시설이 혁신을 가로막아 낳은 쇠퇴 효과로 인해 심각한 약점들을 지니고 있었다. 영국은 첨예해지는 국제적 경쟁과 이윤율의 변동, 늘어나는 인플레이션을 상대해 내지 못했다. 노동당은 궁지에 몰려 기존의 경제 관계 내에서 이 위기를 관리할 수 없었지만, 여전히 적극적이고 조직된 노동자계급의 지지 기반을 유지하고 있었다. 노동당의 역할은 노동자계급의 투쟁을 억눌러서 노동자들의 요구가 투자에 순조로운 분위기를 망치지 않도록 보장하는 것이었다.

홀과 동료들은 이 점에 대해 안토니오 그람시와 니코스 풀란차스를 따라 "헤게모니의 위기", 즉 경제만이 아니라 경제 관리의 위기, 따라서 국가 자체의 위기라고 불렀다.[4] 이와 같이 노동자계급의 투쟁이 직접 국가와 맞서는 것으로 보이는 맥락에서, 민주적 지배의 일차적 수단인—강제가 아닌—동의를 지켜내는 것은 중심 문제가 되었다. 소비 사회는 해법이 될 수 있는 자원들을 제시하였다. 국가는 대중매체 활용을 늘리면서, 일종의 대중적 합의를 만들어 내고 자본주의적 축적의 필요 조건에 부합하도록 가치를 변화시키는 방향으로 대중매체를 사용했다. 하지만 헤게모니의 위기가 일어날 동안 이 합의는 더 이상 당연하게 취급될 수 없었다. 전통적인 정치적·문화적 관행

4   Hall et al., *Policing the Crisis*, 211.

들은 도전받았고, 그 관행들이 지닌 모순이 드러났다.

1960년대 말에 다양한 도덕적 공황이 선진자본주의사회에서 수면 위로 떠올랐다. 뉴스 진행자들과 정치인들은 시위와 반문화부터 성적 관용주의, 범죄에 이르기까지 수많은 현상들을 사회질서의 기초에 대한 유일하고 압도적인 위협으로 제시하였다. 영국에서 이러한 위협은 계급투쟁이 고조되면서 동시에 일어났다. 노동자들은 국가와 노동조합 관료와의 협력을 거부하기 시작했고, 평조합원의 호전주의와 현장 조직이 협상 테이블을 대체했다. 보수주의 이데올로기는 국가가 이러한 위협에 대응하는 데 중요한 역할을 했다. 1960년대 말 사회통제가 엄격해졌고, 이 통제는 1970년대에 "법 질서 사회law-and-order society"로 대체되었다. 도덕적 공황과 경제적 불안정은 국가가 탄압에 의존하여 위기를 관리하는 것을 정당화하였고, 단속을 합리화하고 정상화하였다. 이러한 캠페인은 잘 보이지 않는다는 이점도 갖고 있었다. 그것은 범죄를 억제하는 계획만이 아니라 고강도 파업을 끈질기게 벌이던 비타협적인 노동자계급을 훈육시키는 국가의 계획에 정당성을 부여했다.

1970년대 영국에서 인종주의가 취한 구체적인 형태는 이러한 맥락과 단단히 얽혀 있었다. 이러한 문화적·경제적 발전과 함께 인종주의적인 반이민 정서가 등장했다. 이녁 파월 의원 같은 이들이나 네오파시스트 정당 국민전선이 대대적으로 알린 반이민 정서는 영국인의 정체성이 래스터패리언Rastas과 루드 보이rude boys로 다시 정의되는 것에 대한 반응이었다. 홀과 동료들은 인지된 폭력적 범죄가 늘어난 것을 통해 이러한 문화적 불화를 이해한다. 1970년대 언론의 노상강도mugging 보도는 오늘날에도 나타나는 두드러진 특징을 갖고 있었다. 바로 고의적으로 악착같이 흑인 청년과 범죄를 연관시키는 것이다.

1970년대 초부터 경찰이 흑인 인구층을 표적으로 삼기는 하였지만, 1970년대 중반에 정치적 소요와 경제적 붕괴가 일어난 후, 도심지에 몰려 있던 흑인 인구층은 복지, 교육, 사회적 지원이 삭감되는 일을 겪었다. 물론 미국은 이와 같은 사회민주주의로의 변화를 전혀 겪어 본 적도 없었다. 적어도 이는 뉴딜 이후는 아니었으며, 뉴딜조차도 사회주의의 언어로 제안되었다거나 사회주의 정당이 선거에서 승리한 덕분에 등장하지 않았다. 그럼에도 미국과 영국의 유사성을 간과하기란 매우 어려웠고, 이는 《위기 단속하기》에 분명히 기록되었다. 우리가 보았듯이, 두 나라에서 일어난 도시 반란은 동일한 경제적 문제에 반응했고, 흑인 정치에 중대한 변화가 일어난 바탕이 되었다.

실제로 미국처럼 영국에서도 1960년대 동안 새로운 저항의 감성이 도심지에서 등장하고 있었고, 이제는 폭발적인 상황으로 나타났다. "흑인 의식을 통해 이미 동원된 인구 중 일부는 오늘날 속도가 붙고 있던 경제 침체에 가장 노출되어 있었다." 그 결과로 "바로 이 위기의 인종적 측면과 계급적 측면의 동기화"가 일어났다. 이러한 동기화는 경찰에게서 분명하고 구체적으로 나타났다. "**흑인**들을 단속하는 일은 **빈민들**과 **실업자들**을 단속하는 문제와 맞물릴 조짐이 있었다. 세 집단은 모두 정확히 같은 도시 지역에 밀집되어 있었다." 대중매체와 정치인의 수사에 의해 부추겨져, "흑인을 단속하는 것"은 **"위기를 단속하는 보다 폭넓은 문제와 동의어"**가 되었다.[5]

홀과 동료들은 도심지에서 일어난 이러한 격변이 단순히 공장 노동자들의 투쟁과 분리된 현상으로만 이해될 수 없다는 점을 보여주려 애썼다. 물론 두 가지 투쟁은 여러 중요한 면에서 구별될 수 있다. 이 투쟁들이 두 가지 상이한 정치적 구성 요소를 대표하고, 그렇기에 두 가지 상이한 조직화 전략을 대표하기 때문이다. 미국에서 블랙팬서당과 혁명적흑인노동자연맹이라는 두 조직은 이러한 정치 전략의 분화를 매우 강력히 보여준다. 블랙팬서당은 자신들이—공장이 아니라 거리에 있는—**룸펜 프롤레타리아트**의 행위성에 바탕을 둔다고 명확히 밝혔지만, 혁명적흑인노동자연맹은 생산 거점에 있는 흑인 노동자들이 가장 위대한 혁명적 잠재력을 지니고 있다고 주장하였다.

《위기 단속하기》의 엄청난 장점은 이러한 두 가지 계급 구성이 어떻게 하나의 통일된 구조적 논리에서 발전하여 나왔는지를 이해한다는 점이다.[6] 미국과 마찬가지로 영국의 흑인 인구층은 산업 노동에 참여하였고, 흑인 노동자들은 이 시기에 불안정해지던 계급투쟁에서 중심적인 역할을 수행했다. 홀과 동료들이 썼듯이, 매우 중요한 노동 쟁의 중 많은 곳에서 "흑인 노동자와 백인 노동자는 공동 투쟁에 참여하였다." 그럼에도

---

5 Hall et al., *Policing the Crisis*, 326.

6 도시 반란과 공장 투쟁의 복잡한 연관성을 이해하려면 다음을 보라. Dan Georgakas and Marvin Surkin, *Detroit: I Do Mind Dying* (Chicago: Haymarket, 2012). 당시에 이러한 연관성에 관해 나온 매우 중대한 이론적 분석은 혁명적흑인노동자연맹에 매우 영향력이 있었던 1963년 문헌에 있다. James Boggs, *The American Revolution* (New York: Monthly Review Press, 2009).

불구하고 흑인 노동자들은 미숙련 및 저숙련 노동자들 사이에서 매우 과소대표되어 있었고 탈숙련화와 해고를 경험하는 선봉에 있었다. 헤게모니의 위기 속에서 이데올로기적 척도의 변화가 일어난 결과는 이러한 분열이 정치적으로 파국적인 역할을 할 수 있다는 점을 의미했다.

비록 흑인 빈민과 백인 빈민 들이 자신들이 객관적으로 같은 지위에 처해 있다는 것을 알고 있을지라도, 그들이 사는 세계는 이데올로기적으로 구조화되어 있어서 각자는 서로를 불행의 "명백한 원인"이라는 부정적 준거 집단으로 지목할 수 있다. 따라서 경제 상황이 악화되면서 노동자들 사이의 경쟁적 투쟁은 늘어났고 인종이나 피부색에 따라 구조화된 경쟁은 상당한 이득을 주었다. 당시 국민전선은 바로 이 불안함을 이용하였고, 이는 매우 효과적이었다. 그렇기에 노동자계급의 위기는 다시 한번 인종주의의 구조적 메커니즘을 통해 노동자계급 **내부**의 위기와 노동자계급 **간**의 위기로서 재생산되었다.[7]

〈노동자계급은 어떤가요Wat about Di Working Claas〉라는 시에서 린튼 크웨시 존슨은 어떻게 이러한 인종 분열의 동학이 산업 투쟁의 성공을 가로막았는지 요약한다.

그걸 흑인 노동자계급 탓하지 마시게, 인종주의자 씨
지배계급을 탓하시게

7 Hall et al., *Policing the Crisis*, 333.

자네 자본가 상사를 탓하시게

우리가 그 값을 치르고, 우리가 손해를 보지

Nah badda blame it 'pon the black working class, Mr. Racist

Blame it 'pon the ruling class

Blame it 'pon your capitalist boss

We pay the costs, we suffer the loss

노동자계급 조직은 단순히 인종 분열이라는 이데올로기만이 아니라 실업을 통한 노동자계급의 해체로 인해 약화되었다. 그리고 일상적 경험에서 실업은 인종과 밀접히 연관되어 있었다. 경제 침체가 흑인 공동체에 미친 구체적인 영향으로 인해, 흑인 노동인구는 이제 **"종족적으로 독특한 계급 분파**—실업의 바람에 **가장 노출된** 분파"처럼 보였다.[8]

이렇게 새로 구성된 노동인구 안에서 어떤 유형의 정치적 행위성이 발견될 수 있는지를 이해하는 것은 어려운 임무였다. 흑인 청년들이 점점 실업 상태의 노동예비군으로 편입되면서, 그들의 객관적 위치가 악화되고 있다는 점에 의문을 가질 수 없었다. 문제는 흑인 청년들이 이 객관적 과정을 이해하고 표현하게 되는 방식과 그 과정에 저항하며 그들이 형성한 주체성의 본질이었다. 《위기 단속하기》에서 주장하듯이, 실업이라는 공통의 경험 속에서 "'직업 없음'이 지닌 사회적 내용과 정치적 의미는 철저히 내부에서부터 변형되었다."[9] 흑인 청년들 사

8　Hall et al., *Policing the Crisis*, 325.

9　Hall et al., *Policing the Crisis*, 349.

이에 나타나는 호전성은 작업 현장에서의 사회화가 아니라 이러한 직업 없음의 변형을 통해 등장하고 있었다. 린튼 크웨시 존슨, 다커스 하우, 파루크 존디와 같이 C. L. R. 제임스에게서 영향을 받은 인물들이 참여한 잡지 《레이스 투데이》를 인용하면서, 저자들은 흑인 공동체 내부에서 등장하는 정치적 경향을 규명한다.

> [새로운 정치적 활력은] 투쟁을 벌이던 흑인 집단의 자치와 자주적 활동에서 예견되었다. 그리고 그것은 흑인 실업자들 사이에 늘어나던 "노동 거부"라는, 이 투쟁이 지닌 가장 중대한 주제의식을 드러낸다. 높은 수준에 있던 흑인 청년 실업률은 이제 의식적이고 정치적인 "노동 거부"의 일환으로 재해석된다. 이러한 노동 거부가 중요한 이유는 자본을 타격하기 때문이다. 그것은 노동자계급의 이 부문이 이미 생산적 노동을 하고 있는 이들과 경쟁하기를 거부하는 것을 의미한다.[10]

그러므로 무임금자wageless의 정치적 행위성은 자립에 있었으며, "허슬링hustling"[11]부터 서로 지원하는 토착 문화에 이르기까지 다양한 형태의 자립은 이민자들이 가지고 온 카리브해의 유산에 의존하고 있었다. 허슬링에 정치적 내용이 반드시 존재하는 것은 아니었으나, 미국에서 맬컴 엑스와 조지 잭슨이라는

---

10 Hall et al., *Policing the Crisis*, 363.

11 [옮긴이] 중고 물품 판매, 밀거래, 폐품 수집, 사기, 강도, 갈취 등 수단과 방법을 가리지 않고 돈을 버는 것을 의미한다.

사례는 허슬링이 혁명적 실천이 발전할 장소가 될 잠재력이 있었다는 점을 보여주었다. 거리에서 무임금은 다음과 같이 다시 정의되었다. 그것은 "수동적 형태가 아닌 능동적 형태의 투쟁이다. 즉, '주변부'가 아닌 다수 노동자계급의 경험이 지닌 속성을 지니며, 다수의 노동자계급은 문화와 이데올로기를 통해 완전히 **채워지고** 증폭되며 따라서 현실적인 계급적 전략의 기반을 제공할 수 있는 위치에 있는 이들이다."[12]

더 나아가 전체 노동자계급이 국가가 위기 비용을 이들에게 부과하면서 늘어난 실업과 맞서고 있었기 때문에, 이러한 여러 새로운 투쟁 방식은 보편적인 중요성을 지니게 되었다. 과거의 개혁 승리는 후퇴하고 있었고, 노동자계급의 정치적 힘과 조직은 "권위주의적 합의"의 도전을 받고 있었다. 이와 같은 침식과 맹공의 동학이 위기 속에서 계속되었기에, 치안 유지 활동과 언론의 범죄 재현은 노동자계급 정치에 전혀 부차적인 것이 아니라 중심적인 이슈였으며 "전략과 투쟁이 지닌 가장 거대하고 핵심적인 문제"를 제기했다. 바로 "이 계급의 상당 부분이 거의 영구적으로 **범죄화**되는 것을 막는 방안"이었다.[13] 흑인 실업자들의 저항이 지닌 새로운 행위성을 밝히고 그것을 더욱 폭넓은 계급투쟁과 결합시키는 방안을 찾아낸다면, 이는 노동자계급 전체를 위협하던 권위주의적 합의에 대응할 기반이 될 수 있었다.

그러나 이러한 분석은 내재적인 한계점에 봉착했다. 무임

---

12   Hall et al., *Policing the Crisis*, 371.

13   Hall et al., *Policing the Crisis*, 382.

금과 그에 수반되는 형태의 조직과 의식은 두 가지 방식으로 이해될 수 있다. 한 가지 해석은 무임금과 범죄를 포함한 그 자율적인 재생산 형태를 노동 거부의 한 형태로 보았다. 하지만 경기 침체가 심해지면서 매우 두드러진 반대의 해석은 다음과 같았다.

> "노동을 거부"하던 많은 수의 흑인들은 어쩔 수 없이 일을 하고 있다. 학교를 중퇴한 흑인 청년들에게는 거부할 일거리가 전혀 남아 있지 않다. 거리에서 허슬링 생활로 버텨 내는 부문이 커질수록, 일자리 제안이 오면 수락할 흑인들의 수도 **커진다.**[14]

이러한 딜레마에 대한 명쾌한 해답은 존재하지 않았다. **룸펜 프롤레타리아트**에 관한 기존 이론들은 유용한 통찰을 주었으나, 식민지 아프리카에서 프란츠 파농 같은 이들이 이 계급 범주를 활용했던 방식은 블랙팬서당이 전제했던 선진자본주의 대도시의 조건들과 분명 부합하지 않았다. 이러한 긴장은 이론상 해결될 수 없는 것처럼 나타났으며, 새로운 조직 형태와 실천의 정교화를 요구했다.

이러한 복잡하고 상세한 역사적 정치적 분석에 근거하여, 《위기 단속하기》는 자주 인용되는 슬로건을 제시한다. "인종은 계급이 살아가는 양상이다."[15] 이 슬로건이 인종과 계급이라는 생생한 경험을 추상적 범주로 관념적으로 서술하고 있으며, 그

14   Hall et al., *Policing the Crisis*, 383.

15   Hall et al., *Policing the Crisis*, 386.

렇기 때문에 제멋대로 모든 역사적 상황에 적용될 수 있다고 해석해서는 안 된다. 오히려 이 슬로건은 이 특정한 역사적 국면에서 노동자계급 중 흑인 구성원들이 헤게모니의 위기를 바탕으로 겪은 "인종" 경험을 통해 계급투쟁 의식을 발전시키는 방식을 유물론적으로 분석한 것이다. 이러한 역사적 순간에 구체적으로 "인종이라는 양상을 통해 흑인들은 그들의 계급 상황의 객관적 특징인 착취를 파악하고 다루며, 이에 저항하기 시작"했다.[16]

동시에 인종은 자본주의가 아래로부터의 계급투쟁에 대응하는 것으로부터 나타나는 구조적 특징이자 분열과 해체의 도구였다. 따라서, 이 점은 인종이 결국 계급적 조직의 발전에 장애물이 될 수도 있었다는 점을 의미했다.

> 자본은 인종으로 구조화된 전체 노동자계급을 재생산한다. 자본은 일정 부분 이 내부 분열을 통해서 이 분열된 계급을 지배하며, 이 내부 분열에서 나타난 "인종주의"는 분열의 결과이기도 하다. 자본은 계급을 대표하는 조직들을 일정 부분 특정 인종에 적용되는 전략과 투쟁에 가둠으로써 억누르고 망가뜨리며, 이 전략과 투쟁은 그 한계와 장벽을 넘어서지 못한다. 자본은 인종을 통해 정치적 수준에서 실제로 계급 **전체**를 대변하기에 적합한—즉 **자본주의와 인종주의에 맞서** 계급을 대변하는—조직들을 구성하려는 시도를 계속 좌절시켰다.[17]

16 Hall et al., *Policing the Crisis*, 340.

17 Hall et al., *Policing the Crisis*, 387.

그러나 자본주의와 인종주의에 대항할 수 있을 조직 형태가 발생하리라는 전망은 새롭고 어마어마한 반례를 갖고 있었다. 1975년 마거릿 대처가 야당 지도자로 선출된 것은 급진 우파가 주변에서 중심으로 이동했다는 것을 드러냈으며, 이러한 움직임은 전후 합의로부터 이탈하는 전략을 제시한 법과 질서 이데올로기를 바탕으로 이루어졌다. 계급 지배는 새로운 양식을 취하였고, 주로 "국정 운영이 동의에서 강제의 극단으로 기우"는 것으로 나타났다.[18] 그러므로 노상강도에 대한 도덕적 공포는 국가의 안정화에 중요한 역할을 하였다. 범죄 증가에 대한 인식은 "이데올로기적 의식의 주요한 형태 중 하나로, 이를 통해 '조용한 다수'는 국가가 만든 점차 강압적인 수단들을 지지하는 데 포섭되었고 '평소보다 더한' 통제를 행사하는 데 정당성을 주었다.[19]

《위기 단속하기》는 어떻게 노동당의 자본주의 위기 관리가 신우익의 전략이 통할 공간을 만들어 내는 모순을 만들었는지, 그리고 어떻게 권위에 대한 대중적 동의가 새로운 종류의 이데올로기 투쟁을 통해 확보되고 있었는지를 보여주었다. 이제 우파의 반국가주의 전략이 등장하고 있었다. 더 정확히 이 전략은, 줄곧 매우 중앙집권적으로 거버넌스를 다루었음에도 기분 상한 서민층으로부터 동의를 얻기 위해 스스로를 반국가주의자로 드러내는 전략이었다. 미국인들 특유의 "큰 정부" 반대는 여기서 선례를 발견하고 반복된다.

18 Hall et al., *Policing the Crisis*, 214.

19 Hall et al., *Policing the Crisis*, 218.

이러한 전략은 대중의 불만족을 등에 업고 반대파를 중립화함으로써 작동하였고, 일부 대중적인 여론을 활용하여 새로운 유형의 동의를 만들어 냈다. 1979년에 홀은 〈거창한 우경화 쇼〉라는 소논문에서 이 새로운 전략을 정교하게 설명하였다. 본래 이 논문은 대처가 총리로 선출되기 단 수개월 전에 영국 공산당의 실험적인 이론지 《마르크시즘 투데이》를 통해 발표되었다. 홀이 주장하기를, 대처가 부상하게 된 근원에 바로 노동당의 위기 관리가 지닌 모순들에 있으며, 그 모순들은 "위기에 대한 좌파와 노동자계급의 대응을 효과적으로 해체"하였다. 번영기에 정치인들이 내놓았던 약속—더 좋은 의료 서비스, 더 많은 일자리, 새로운 기반시설—이 무엇이든 간에, 이 정치인들은 정권을 잡으면 의무적으로 자본주의 생산양식을 관리하고 성장의 조건을 보호하도록 해야 했다. 경제 위기라는 맥락에서, 그들이 제시하는 해법은 반드시 자본의 이해관계에 부합하고 자본의 지지를 얻을 수 있어야 했다. 심지어 사회주의자 정치인들도 이러한 요건에서 면제받지 않는다. 그 바탕이 되는 자본주의의 구조가 도전을 받지 않는 한, 이들은 노동조합 지도부와의 관계를 활용해 "그것이 대표하는 계급과 조직을 진전시키지 않고 **규율**"할 것이다.

이 모든 일이 국가를 통해 일어나기에, 노동당에서 민주당까지 중도 좌파 정치인들의 이데올로기는 "국가가 중립적이고 시혜적인 역할을 하며 계급투쟁을 넘어서는 국익의 화신이라고 해석"한다. 이러한 이데올로기는 사회의 일반 이해를 국가의 팽창과 동일시하여, 대중 권력이 국가 영역 바깥에서 표출되는 것을 하찮게 다룬다. 그리고 그것은 확대된 개입주의적 국가기구를 활용하여 "자본을 대신하여 자본주의의 위기를 관리"한다. 국가는 "사회적 삶의 모든 특징과 측면에 각인되"며, 위기 관리에 대한 요구는 사회민주주의 국가조차 자본의 대리인으로 바꿔 놓는다.[20]

이 배경은 급진 우파에게 유리한데, 이들 우파들은 사회민주주의와 동일한 공간 속에서 활동하며 사회민주주의의 모순을 활용한다. 급진 우파는 "이미 구조적으로 확고하게 자리 잡은 요소들을 떼어내고 해체하고 이것들을 재구성하여 새로운 논리로 만들며, 그 공간을 우파 쪽으로 극단화하는 새로운 방식으로 접합한다."[21] 급진 우파는 국가주의에 대한 불신, 즉 사회민주주의가 자본주의의 위기를 관리하는 방식에 대한 좌절감에 호소할 수 있었고, 이는 반국가주의적으로 보이는 신자유주의 어젠다를 제시했기 때문에 가능했다. 대처리즘은 공동체주의적 가치만이 아니라 국가주의를 겨냥하였고, 이 국가주의는 실제로 초창기부터 노동당을 괴롭혀 왔다. 대처리즘은 노동당의 개혁주의 지도부가 평당원으로부터 거리를 유지하던 것을 이용하였으며, 공동체주의적 가치가 자본주의 위기 관리라는 임무와 진정으로 화해할 수 없다는 점을 증명하였다.

대처리즘이 이룬 놀랄 만한 성취는 자유지상주의자의 영웅

---

20 Stuart Hall, "The Great Moving Right Show," *Marxism Today* (January 1979): 18; 보다 정교화된 버전은 다음을 보라. *The Hard Road to Renewal* (London: Verso, 1988), 50–51. [한국어판: 스튜어트 홀, 《대처리즘의 문화정치》, 임영호 옮김, 한나래, 2007, 111-113쪽.]

21 Hall, "Great Moving Right Show," 16.

루트비히 폰 미제스와 프리드리히 하이에크가 제시했던 오스트리아 자유주의의 추상적인 경제철학을 "국가, 가족, 의무, 권위, 규범, 자립"에 관한 대중적인 정서와 엮어 내는 능력에서 드러난다. 법과 질서를 위한 정치적 동원이 일어나던 맥락에서 이는 강력한 동력원이 되는 이데올로기였다. 홀이 "권위주의적 포퓰리즘authoritarian populism"이라고 부른 이러한 "복합적인 융합"과 그것이 만들어 낸 이데올로기적 공작은 단순한 눈속임으로 환원될 수 없었다.

> 이것이 성공을 거두고 효과를 발휘할 수 있었던 이유는, 이것이 순진한 사람들을 잘 속였기 때문이 아니라 진짜 문제, 진짜 생생한 체험과 진짜 모순들을 다루면서도, 이것들을 우익의 정책이나 계급 전략과 체계적으로 일치시키는 담론 논리 안에서 재현할 수 있었기 때문이다.[22]

이 전략은 놀랄 만큼 성공하였다. 이 전략은 정치 담론을 바꾸는 데 성공하여 신자유주의적 구조조정에 대한 대중적 지지 블록을 만들어 냈고, 노동자계급 조직이 후퇴할 수밖에 없게 하였다. 노동자계급은 기나긴 후퇴를 하였고, 이 후퇴는 1984~1985년 광부 파업에서 비극적인 절정에 이르렀다. 이 투쟁이 맹렬했던 탓에 어떤 논의든 사람들을 감정적으로 격앙되게 만들었다. 홀은 긴축과 산업 쇠퇴를 겪던 시기에 파업을 하여 극심한 고난과 위험이 닥친 것뿐 아니라 표결 없이 파업을

---

22 Hall, "Great Moving Right Show," 20.

비민주적으로 결정한 것에 대해서도 매우 비판적이었다. 그는 광부가 특정한 "가족적, 남성적" 계급 정체성을 지닌 "남성이기 때문에", 이들을 동원한 이유로 광부 파업이 "더 넓은 사회적 투쟁으로 일반화"되지 못했다고 비판하기까지 한다.[23]

이 분석은 아마도 여러 측면에서 사실일 것이다. 하지만 그러한 분석은 당연히 많은 좌파들의 조소를 불러일으켰다. 압도적인 자본가의 공습이 일어나던 맥락에서 보았을 때, 노동조합을 그와 같이 비판하는 것은 부적절하게 보였다. 홀을 비판했던 이들 중 사회학자 랄프 밀리밴드는 1985년 《뉴레프트리뷰》에 수록한 〈영국의 새로운 수정주의〉라는 논문에서 홀의 프레임워크에 의문을 제기했다. 밀리밴드의 주된 관심사는 계급의 우위성primacy을 옹호하는 것이었고, 그는 계급의 우위성을 사회주의 운동에서 조직 노동자가 차지하는 중심적인 역할과 동일시했다. 이는 우리가 오늘날에도 종종 듣는 주장이다. 밀리밴드가 주장하기를, 이러한 우위성은 다음의 사실에서 등장한다. "자본주의사회에서 여타 집단이나 운동, 세력도 조직 노동자의 힘만큼 기존의 권력 구조와 특권 구조에 대한 효과적이고 가공할 만한 도전을 시작할 역량을 조금도 지니고 있지 않다."[24]

밀리밴드의 독해에서, 이 우위성에 대한 도전은 "신사회운동"이라 불리는 것에서 나왔다. 즉, 조직 노동자 바깥에서 등장하였으며 명쾌히 계급의 용어로 나타나지 않는 인종, 젠더, 섹

---

23 Hall, *Hard Road to Renewal*, 203-204. [한국어판: 스튜어트 홀, 《대처리즘의 문화정치》, 임영호 옮김, 한나래, 2007, 390-392쪽.]

24 Ralph Miliband, "The New Revisionism in Britain," *New Left Review* I, no. 150 (April 1985): 6.

슈얼리티, 생태 등의 쟁점을 지향하는 요구를 지닌 운동 말이다. 밀리밴드는 타당하게 독자들에게 다음을 상기시킨다. "노동자계급이 포괄하는 매우 많은 수의 사람들은 '신사회운동'의 일원이거나, 이 운동이 다가가려 하는 지지층의 일부이기도 하다." 하지만 그는 이러한 사람들이 자신의 정체성을 통해 억압의 경험을 이해하는 것은 실수라고도 주장하였다. 실제로 "계급 정치"라는 범주는 신사회운동을 포함하며, 이는 조직 노동자들이 자신들만의 "경제주의적"이고 "기업체적" 목표를 위해서가 "아니라 전체 노동자계급과, 계급을 넘어서는 다수를 위해" 싸우기 때문이다. 그와 같은 투쟁은 "대중적 동맹 체계를 필요로 하"지만 밀리밴드는 "오로지 조직된 노동자계급만이 그 체계의 기반을 형성할 수 있다."는 의견을 고수하였다.[25]

그러나 대처리즘이 개척한 위로부터 분열이 일어나던 맥락에서, 어떻게 노동자계급이 조직될 것인지는 설명되지 않았다. 신사회운동에 관한 밀리밴드의 논의는 추측으로만 남았을 뿐, 이 운동이 제기한 노동자계급 경험의 범위 및 차이와 노동자계급이 요구하는 내용, 노동조합과 정당 밖에서 등장할 수 있는 조직의 형태에 관한 질문을 진지하게 탐구하지 않았다. 반면 홀은 인종을 흑인 노동자들이 자신의 계급적 위치를 알게 되는 "양상"으로 분석했고, 이는 흑인 노동자계급의 구성과 이민자 문화의 역사, 흑인 투쟁의 정치 조직에 대한 분석에 근거하고 있었다. 그리고 이를 바탕으로 홀은 노동자계급 전체에 일반적으로 타당한, 잠재적인 정치 활동 형태들을 밝혀낼 수

25 Miliband, "New Revisionism," 26.

있었다. 그 이유는 인종주의란 노동자 대중이 자본에 의해 구조화되는 방식 중 일부였기 때문이었다.

폴 길로이는 이 당시에 현대문화연구센터에서 홀의 박사과정 학생으로 있었다. 그는 저서 《유니언잭에는 검은색이 없다》에서 홀의 분석이 관념론적 인종주의 이론과 환원주의적 계급 이론에 제기한 도전을 정교하게 설명하였다.

> 인종주의는 심리학적 착란에 근거한 단일한 사건이 아니다. 제국의 문화적 유산이자 나이, 젠더, 소득, 환경과 무관하게 모든 백인 영국인의 의식을 계속 적셔 온 일부 흑인에 대한 몰역사적인 반감에 근거하고 있지도 않다. 그것은 하나의 과정으로 이해되어야 한다. 문제거리와 피해자라는 범주 바깥의 역사로 흑인들을 들여오고, 인종주의가 영속적 혹은 자연적 현상이라는 생각에 반대하여 그 역사적 성격을 확립하기 위해서는 정치적·이데올로기적·경제적 변화를 파악하는 역량이 필요하다.

그러므로 길로이가 주장하는 유물론적 분석의 임무는 "'인종'이 실재 관계의 세계와 현상 형태의 세계 사이에서 어디로 미끄러지는지에 관한 질문에 대해 플라톤주의적으로 답"하는 것이 아니라 어떻게 "인종적인 의미, 연대, 정체성이 행동의 근거를 제공"하는지를 보여주는 것이다.

> "인종적" 활동과 정치적 투쟁의 상이한 패턴은 확정적인 역사적 조건에서만 나타날 것이다. 이 패턴들은 경제 분석의 수준에

서 계급투쟁의 손쉬운 대안으로 이해되지 않으며, 정치적 수준에서 잠재적으로 계급의식의 대안이 되거나 계급 자체가 형성되는 우연적인 과정의 요인으로서 이해되어야 한다.[26]

밀리밴드의 주장은 이러한 질문들을 무시하는 것처럼 보인다. 그의 아내 매리언 코잭은 이 점 때문에 밀리밴드를 비판하였으며, 〈영국의 새로운 수정주의〉가 "계급의 우위성을 과장하며 사회운동에 충분한 중요성을 부여하지 못했고, 이것이 사회운동이 계급에 기반한 운동을 분열시킬 뿐이라 보았지만, 이는 그 운동을 잠재적 우군으로—예를 들어 광부를 지지하는 여성 집단의 경우처럼—보지 않았기 때문"이라고 생각하였다.[27] 그와 같은 예측하지 못한 동맹 전선은 최근에 영화 〈런던 프라이드〉(2014)로 각색되었다. 영화는 (1985년 런던 프라이드 행렬에서 웰시 지역 광부들이 참여한 것에 보답하는 연대의 표현으로) 광부를지지하는레즈비언과게이Lesbians and Gays Support the Miners가 벌인 모금 노력과, 노동당의 LGBT 권리 지지 결의를 결정적으로 이끌어 낸 전국광업노동자조합National Union of Mineworkers의 지지를 보여준다.[28] 당시에 도린 매시와 힐러리 웨인라이트가 페미니스트 파업 지지 그룹에 관한 논평에서 썼듯이, "그것은 노동 쟁의인가 신사회운동인가 하는 문제도 아니며, 단지 그 둘을 함께

---

26 Paul Gilroy, *There Ain't No Black in the Union Jack* (London: Hutchinson, 1987), 27.

27 Michael Newman, *Ralph Miliband and the Politics of the New Left* (London: Monthly Review Press, 2003), 285–86.

28 다음을 보라. Diarmaid Kelliher, "Solidarity and Sexuality: Lesbians and Gays Support the Miners 1984–5," *History Workshop Journal*, vol., 77, no. 1 (April 1, 2014): 240–62.

덧붙이는 문제도 아니다. … 새로운 제도는 '계급 정치'가 단순히 산업 호전주의와 의회의 대표 이상으로 나타날 수 있는 방식으로 건설될 수 있다."[29] 그와 같은 새로운 제도는 시급했지만 이를 건설하기란 어려웠고, 홀이 광부 파업 동안 보인 비관주의에는 이러한 사실이 깔려 있었다.

따라서 그 파업은 새로운 정치 형태보다는 낡은 정치 형태로 싸우다 패배할 운명에 처해 있었다. 우리들 중 아주 오래전부터 그렇게 느낀 사람들에게 이러한 사실은 다음과 같은 이유 때문에 용납할 수 없었다. 이 투쟁은 견고한 유대를 과시하였고, 엄청난 수준의 지지를 유발했다. 광부 공동체에서는 여성들도 전례 없이 대대적으로 투쟁에 참여했다. 페미니스트들도 파업에 동참했으며, 이질적인 사회적 이해관계 간의 장벽 해체까지도 예견되었다. 이 점에서 광부들의 파업은 사실상 본능적으로 새로움의 정치를 도입한 것이었으며, 대처리즘과 대대적인 대결로서 현재와 미래의 정치로 이행하는 이정표를 찍었어야 했다. 그렇지만 이는 과거의 범주와 전략 속에서 투쟁하고 패배하였으며, 그곳에 갇혀 버리고 말았다.[30]

논쟁의 양측 모두 일리가 있지만, 논쟁 참여자 중 누가 광부 파업의 재앙적인 패배가 진정으로 보여주는 점을 이해했는

---

29 Doreen Massey and Hilary Wainwright, "Beyond the Coalfields," in *Digging Deeper: Issues in the Miners' Strike*, ed. Huw Beynon (London: Verso, 1985), 168.

30 Hall, *Hard Road to Renewal*, 205. [한국어판: 스튜어트 홀, 《대처리즘의 문화정치》, 임영호 옮김, 한나래, 2007, 394쪽.]

지 확실치 않다. 홀은 권위주의적 포퓰리즘이 지닌 강력한 효과를 설명하였으나, 그의 이론이 이 패배가 정치 행동의 영역을 얼마나 극적으로 변화시킬지 혹은 그 결과가 얼마나 전면적일지를 예견하지는 못하는 것으로 보인다.

우리는 신자유주의 이행을 이해하면서, 이 당시 순간에 조직 노동자만이 아니라 신사회운동도 패배했다는 것을 이해하지 못하는 중요한 실수를 저질렀다. 신사회운동의 요구들은 살아남았지만, 이 요구들은 그것을 체제 전체에 대한 도전으로 제시할 수 있는 풀뿌리 조직의 대중 동원으로부터는 점점 멀어져 갔다. 문화적 수준에서 수많은 진보가 이루어졌으며, 이는 우리의 언어를 근본적으로 바꾸었다. 하지만 그 바탕이 되는 물질적 구조는 살아남았다.

그 결과, 신사회운동의 진보적인 언어들은 그 풀뿌리 조직의 기반에서 뿌리 뽑힌 뒤 지배계급의 새로운 전략으로 도용되었다. 대처와 레이건의 선례를 따랐으며 토니 블레어가 노동당을 대처리즘으로 쇄신하는 데 영감을 준 빌 클린턴은 북미자유무역협정NAFTA, 범죄 법안, 복지 개혁 법안을 내놓는 것에서 멈추지 않았다. 그는 정치에 특정한 문화 양식을 부여했고, 포커스 그룹과 이미지 컨설턴트가 주도한 이 문화 양식은 새 시대의 다양성을 이용하였다. 이는 토니 모리슨이 클린턴이야 말로 바로 "최초의 흑인 대통령"이라는 유명한 논평을 하도록 이끌었다. 하지만 빌 클린턴이 아르세니오홀 쇼에서 색소폰을 연주하는 동안, 힐러리 클린턴은 흑인 청년들을 "심각한 약탈자superpredators"라고 묘사하고 있었다. 2016년 힐러리의 선거 캠페인이 있던 동안 흑인의생명은소중하다 활동가들은 그에게 이 발언을 했던 것을 떠올리게 하였다. 아마도 **권위주의적 포퓰리즘**을 넘어서는 용어가 이러한 현상을 묘사하는 데 필요할 것이다. 이 현상이 보여준 점은, 한편으로 우파의 헤게모니 전략이 좌파로 추정되는 이들을 흡수했으며, 경제 불평등을 공고히 하고 과거에 국가에 응축된 개혁들을 더욱더 후퇴하도록 촉진할 수 있을 만큼 성공했다는 것이었다. 그리고 다른 한편으로 실현 가능한 혁명적 동원이 일어나지 않는 상황에서 다원주의, 대중매체의 찬사, 청년 문화로의 전환이 항상 반대 세력을 형성하는 것은 아니라는 점도 드러난다. 훗날 진정으로 최초의 흑인 대통령의 당선을 위해 활동했던 풀뿌리 조직의 캠페인이 이 점을 드러냈다.

문화와 이데올로기에 관한 논의는—선거 정치의 변화라는 복잡한 메커니즘이 아니라—반항적 행위자의 발전이 어떻게 좌절되었는지에 관해 다루어야 한다. 대처와 레이건 시대가 지난 지 오랜 뒤에도, 정치 평론 산업은 미국 노동자계급이 왜 자신의 "이해관계"를 배반하는 투표를 하는지 계속 물어보면서 캔자스주와 코네티컷주를, 공화당 주와 민주당 주를 비교하곤 한다. 하지만 사실 우파의 성장을 설명하기 위해서는—허위의식이든 아니든 의식을 살펴보는 것이 아니라—노동자계급의 분해와 해체에 주목해야 한다. 경험적 증거는 소득으로 측정된 미국의 노동자계급이 일관되게 민주당에 대한 투표를 선호한다는 점을 보여주며, 이 증거는 우리의 데이터를 "백인 노동자계급"으로 한정하더라도 유효하다. 하지만 "이해관계"라는 시장 논리와는 반대로, 사실 이러한 투표 행위는 전혀 노동자계급의 힘을 증가시키지 않았으며, 그러므로 미국의 대중 여론이라는 불확실한 에테르는 우파 전위대가 지닌 조직력에 종속되고 말았다.[31]

권위주의적 포퓰리즘이 사람들의 **생각**을 바꾸었는지에 대한 질문은 엉성한 프레임에 바탕하고 있다. 신자유주의적 변혁에서 권위주의적 포퓰리즘은 신사회운동과 생산 거점 조직 사이에 전략적 동맹이 일어날 가능성을 공격하는 역할을 했다. 가족, 교회, 국가라는 전통주의적 이데올로기는 이러한 동맹 노선이 아래로부터 축적에 정치적 장벽을 세울 가능성에 가한 선제 공격이었다. 폴 길로이는 다음과 같이 이야기한다.

> 최근 급진화 패턴에서 보이는 포퓰리즘 충동은 재현 위기에 대한 반응이다. 우파는 민족이라는 언어를 발명하여 스스로를 "인종"의 언어로 표현할 수 있게 하는 계산된 모호성 덕에 포퓰리즘적인 힘을 얻었다. 같은 시기에 백인 노동자계급의 정치적 자원은 대안을 내놓을 만한 시각이나 언어, 실천을 제공하지 못하고 있다. 그들은 현재 하나의 계급으로서 노동자계급을, 즉 자본이 "인종"을 활용해 계급을 구조화하고 재생산하는 범주들을 넘어서는 계급을 재현하지 못하고 있다.[32]

현재 백악관을 점거한 우익 포퓰리즘을 만들어 낸 백인 정

---

31 다음을 보라. Larry M. Bartels, "Who's Bitter Now?" *New York Times*, April 17, 2008.

32 Gilroy, *There Ain't No Black*, 29.

체성 정치에 맞서기 위해서, 우리는 대안적인 전망과 언어, 실천을 제시할 필요가 있다. 정반대로 다원주의적인 정체성 정치로 대응하는 것은 성공적이지 않았다. 웬디 브라운이 이야기한 "자본주의의 재자연화"는 바로 대중운동의 패배 및 해체가 낳은 하나의 증상이다. 브라운이 1999년에 홀과 그의 유산을 성찰하며 논평하였듯이, 그 결과는 이랬다.

> 잠재적인 풍부한 결실보다 불가능성에 더 집착하게 된 좌파, 희망에 가득 차 있음이 아니라 자신의 주변성과 실패에 기대어 가장 편안하게 살아가고 있는 좌파, 그리하여 그 영혼이 유령과 같으며, 그 욕망의 구조는 퇴영적이고 징벌적인, 자신의 죽은 과거의 몇 가지 계보에 대한 멜랑콜리적 애착의 구조에 사로잡힌 좌파.[33]

이런 우울한 감정에서 빠져나오기란 어려운 일이다. 나는 종종 내가 가르치는 학부생들로부터 그런 감정에 관해 이야기를 듣고 놀란다. 이 학생들은—과제와 시간제 일자리 두세 개에 치여—청년답고 반항적인 낙관주의 정신을 기를 시간을 소진해 버리는 것처럼 보인다. 나는 이 슬픔이야말로 바로 정치를 누군가의 개인적 정체성으로 한정 짓는 일차적 원인이라고 생각하게 되었다. 보편적 해방이라는 사상은 구시대적이고 철지나간 것처럼 보이게 되었을 뿐 아니라, 일시적으로 개인의

---

33 Wendy Brown, "Resisting Left Melancholy," *Boundary* 2, vol. 26, no. 3 (Autumn 1999): 26. [한국어판: 웬디 브라운, "좌파 멜랑콜리에 저항하기", 강길모 옮김, 《문화과학》 101호, 2020, 255-267쪽.]

안락이 보호받는 것 이상을 성취할 가능성은 망상처럼 보인다. 따라서 보편적으로 이로운 사회적 변화를 요청하는 것은 종종 인신 모욕처럼 들린다. 내게 제시된 목표는 나 개인의 안전과 인정에 대한 요구를 인정받는 것이 아니었고, 그 목표는 나의 힘으로 달성될 수 없었다. 하지만 우리가 국가의 영역 바깥에 있는 투쟁 노선들에 주의를 기울인다면 보편적 해방은 곧 모습을 드러낸다.

6
보편성

내 부모님은 로널드 레이건이 신자유주의 시대를 열고 있을 때 파키스탄 카라치에서 미국으로 이민을 오셨다. 그분들은 지적으로 자유롭고 물질적으로 풍요로운 분위기에서 학업에 종사하길 바라면서, 슈퍼마켓에 망고가 없던 펜실베이니아 시골 한가운데에 정착했다.

2017년 1월 샌프란시스코 국제공항, 시위하는 군중들 속에서 나는 부모님이 도착했을 때를 상상했다. 공항의 모습에서 예상할 수 있듯이, 이 군중들은 다종다양했다. 그 범위는 국적, 나이, 성향으로 볼 때 전 지구적이었다. 하지만 이 피로와 근심의 자리에서 군중들은 자신의 에너지와 분노를 드러냈다. 이들은 도널드 트럼프가 집무실에 앉은 지 첫 주만에 발표한 "무슬림 금지령"에 반대하면서 **이곳은 난민들을 환영한다**고 크게 소리쳤다. 그들은 단순히 머릿수만 가지고서 모든 출발 항공편을 정지시켰다. 나는 그곳에서 "난민의 아들"이라 쓰인 팻말을 만든 한 남자아이를 바라보며, 부모님을 이 나라로 데려온 항공기가 내 삶에 얼마나 많은 영향을 미쳤는지 생각했다. 내가 떠올린 것은 무슬림 금지령이 무너뜨리려고 위협하는 모든 것.

단순히 가족들이 아니라, 새로운 삶을 찾아 바다를 건너온 이들의 삶과 꿈이었다.

이민자들이 많은 바람을 품고 이곳으로 오게 되었겠지만, 이 바람들은 산드로 메자드라가 말한 "탈출할 권리the right to escape"와 얽혀 있다.[1] 그것은 빈곤과 박해로부터 탈출할 권리, 새로운 지리를 발견할 권리, 새로운 언어로 이야기할 권리이다. 이민자들은 국경 없는 세계, 구금 없는 세계, 인간들이 자유롭게 움직이고 모든 낯선 이들을 환영하는 세계를 바란다. 그들의 바람은 달리 생각하고 말하고 살아갈 수 있다는 인정이다.

아마도 바로 이런 이유에서 이민자는 정치 사상의 핵심 문제를 대표할 것이다. 그 문제는 트럼프와 그의 동료들이 만들어 낸 새로운 문제가 아니라, 민족국가nation-state 그 자체만큼 오래된 문제이다. 에티엔 발리바르가 지적하였듯이 민족국가가 지닌 근본적인 모순은 "인민"의 두 가지 정의 방식 사이에 일어나는 대결과 호혜적 상호작용이다. 첫 번째 정의는 에트노스ethnos, 즉 "소속과 혈통의 상상적 공동체"다. 두 번째는 데모스demos, 즉 "대표와 결정, 권리들의 집합적 주체"다.

첫 번째 의미의 "인민"은 국경을 내면화한다. 즉, 트럼프가 우리 머릿속에 세우기를 바라는 장벽을 내포한다. 에트노스는 "허구적 종족성"에 소속되어 있다는 감각이며, 이 종족성은 국경을 통해 구성되지만 실제로는 이주와 이동을 통해 하나로 모인 이질적인 인구로 구성된 상상의 공동체이다. 여기서 다양성은 인종적이고 영적인 단일한 본질이라는 환상에 의해 억눌린다.

1　Sandro Mezzadra, "The Right to Escape," *Ephemera*, vol. 4, no. 3 (2004).

두 번째 의미의 "인민"은 정치적인 것으로, 우리의 권리장전Bill of Rights에 표명되어 나타난다. 데모스는 정체성과 무관하게 적용된다. 이 자유의 여신상이 부르는 노래는 그들의 특수성에 개의치 않고, 자유롭게 숨쉬기를 갈망하는 모든 웅크린 대중에게 자유를 준다.

이 두 개념 사이의 모순이 바로 미국 민족국가가 갖고 있는 원죄이다. 이 모순은 최초의 공문서 첫 문장에 명시되어 있다. 미국 헌법 전문은 "우리 인민We, the People"을 말하지만, 전문을 쓴 이들은 노예주들이었다. 발리바르가 주장하듯이 말이다.

> 시민의 권리들 … 의 민주적인 보편성을 특수한 국민적 소속과 긴밀하게 연결하는 것 역시 바로 이러한 구성물이다. 이 때문에 국민이라는 형태 속에서 인민의 민주주의적 구성은 불가피하게 배제의 체계들을 산출하게 된다. "다수자"와 "소수자" 사이의 균열 및 좀 더 심층적으로는 원주민으로 간주되는 인구들과 외래적이고 이질적인 존재로 간주되고 인종적이거나 문화적으로 차별받는 인구들 사이의 균열이 그 사례들이다.[2]

이러한 민주주의의 모순은 프랑스 혁명에서 〈인간과 시민의 권리에 관한 선언〉을 통해 명확히 모습을 드러냈다. 1843년 청년 마르크스는 이 선언문을 비판적으로 정밀하게 검토하

---

2 Etienne Balibar, *We, the People of Europe? Reflections on Transnational Citizenship*, trans. James Swenson (Princeton, NJ: Princeton University Press, 2004), 8. [한국어판: 에티엔 발리바르, 《우리, 유럽의 시민들?: 세계화와 민주주의의 재발명》, 진태원 옮김, 후마니타스, 2010, 31쪽.] 특히 미국의 사례를 보충하여 분석한 문헌은 다음을 보라. Singh's *Black Is a Country*.

였다. 〈유대인 문제에 관하여〉에서 마르크스는 유대인 해방 요구에 대한 브루노 바우어의 비판에 맨 먼저 반응한다. 바우어에 따르면, 정체성은 그것이 종교적이든 아니든 반드시 배타적이므로 따라서 보편적 해방과 양립할 수 없다. 바우어는 유대인이라는 특수한 정체성의 해방을 요구하는 것이 이미 기독교 국가에 의해 극단으로 치달았던 이러한 배제를 재생산하였다고 주장했다. 정치적 해방은 반드시 보편적이며 그러므로 일종의 탈동일시disidentification를 요구한다.[3]

하지만 마르크스는 세속적인 정치적 해방, 즉 보편적 권리의 이름으로 이루어진 정교 분리가 사실 현실의 종교적 미신을 극복하지 못했다는 점을 지적하였다. 여기서 그가 미국을 예시로 드는 유명하고도 예언자 같은 인용이 등장한다. 마르크스가 주장하듯, 권리는 개인에게 부여되었으며 따라서 이는 "인간 및 공동체로부터 분리된 이기적인 인간"의 권리라는 것이다.[4] 정치 영역에서 개인의 권리를 보호하는 것은 종교적 권위와 재산 소유자들에 의한 억압의 종식을 의미하지 않았다. 그러므로 바우어의 추상적이고 귀족적인 보편주의도 소수자의 특수주의도 진정한 인간 해방으로 이어질 수 없었다. 인간

3 다음을 보라. Massimiliano Tomba, "Exclusiveness and Political Universalism in Bruno Bauer," in The New Hegelians, ed. Douglas Moggach, (Cambridge: Cambridge University Press, 2006); Massimiliano Tomba, "Emancipation as Therapy: Bauer and Marx on the Jewish Question" in Michael Quante and Amir Mohseni, eds., Die linken Hegelianer (Paderborn, Germany: Wilhelm Fink, 2015).

4 Karl Marx, "On the Jewish Question," in Early Writings, trans. Rodney Livingstone and Gregor Benton (London: Penguin, 1992 [1843]), 229. [한국어판: 카를 마르크스, 《유대인 문제에 관하여》, 김현 옮김, 책세상, 2015, 49쪽.]

해방은 정치적 해방을 넘어 시장의 착취를 극복하는 것을 포함한다.

웬디 브라운은 왜 마르크스가 현대의 정체성 정치를 분석하는 데 적합한지에 관한 소논문에서 마르크스의 복잡한 주장을 다음과 같이 요약한다.

> 역사적으로, 근대성에서 등장한 권리는 정치적 박탈disenfranchise-ment 혹은 제도화된 노예 상태로부터 해방의 동력이자, 형식적 평등주의와 보편적 시민권의 담론 안에서 신흥 부르주아 계급에게 특권을 주는 수단이었다. 그러므로 권리는 주권적이고 사회적인 권력에 의한 자의적 사용과 오용으로부터 보호할 수단이자, 지배적인 사회 세력을 보호하고 자연화하는naturalizing 양식으로 등장했다.[5]

이 사실은 오늘날까지 남아 있는 자유주의의 "역설"을 내포한다. 권리가 "공허한" 추상적 개인에게 부여될 때, 이 권리는 정치 영역 바깥에서 나타나는 실재하는 불평등과 억압의 사회적 형태들을 무시한다. 하지만 브라운이 지적하듯 상처 입은 정체성이 지닌 여러 특수성이 권리의 내용으로 들어올 때, 이 특수성은 "해방의 동력이 아니라, 상처라는 정체성을 생산하고 규제하는 장소가 될 가능성이 높다."[6] 달리 말하자면, 권리에 관한 자유주의적 언어가 구체적인 정체성 집단을 육체적

5   Brown, *States of Injury*, 99.

6   Brown, *States of Injury*, 134.

혹은 언어적 상처로부터 보호하기 위해 활용된다면, 그 집단은 그들의 피해자다움victimhood으로 정의되며 개인들은 그들의 피해자화된 속성으로 환원되고 만다.

브라운은 이러한 논리가 어느 (논쟁적이지만) 영향력 있는 페미니즘 조류에 깔린 논리를 어떻게 약화시키는지 보여준다. 바로 법률의 남성 중심적 편향을 시정하려고 하는 캐서린 매키넌의 시도이다. 매키넌의 반포르노 페미니즘은 발언의 자유에 대한 권리가 성적 예속화로부터 자유로울 여성의 권리와 충돌한다는 전제를 바탕에 두고 있다. 하지만 브라운은 다음과 같이 질문한다. "여성을 성적 예속화로 정의하고 그 정의를 법률에 기입하는 것이 성적 예속화로부터 여성을 해방시키는 데 효과적인가, 혹은 역설적으로 여성다움femaleness을 성적 침범 가능성sexual violability으로 다시 기입하는가?"[7] 브라운의 비판이 보여주는 점은, 권리가 특수한 정체성 집단에 의해 요구되고 이 범주를 보호하는 것이 정치의 전부가 된다면, 그 집단의 일원은 피해자로 고정되고 만다는 점이다. 권리 자체는 이 피해자에게 가해진 상처에 대한 반응으로 환원되고 만다. 그 권리의 해방적 내용은 사라진다. 그렇기 때문에 매키넌은 권리에 실체적인 내용, 즉 특수한 정체성의 내용을 부여하려는 법률적 주장을 제시하였고, 그렇게 하여 결국 고정적이고 수동적인 "여성" 범주를 생산하게 되었다. 여성들이 성적 억압에 대항하여 스스로를 조직할 가능성, 즉 자발적인 대중 행동을 의미하는 유형의 조직화는 법적 담론을 통해 상쇄되어 버린다.

7   Brown, *States of Injury*, 131.

이 문제가 바로 현대의 "무슬림 문제"에서 가장 앞에 선 문제였다. 프랑스에서 이 문제는 히잡이 공립학교에서 법적으로 금지되었던 2004년에 논의되었다. 당시 문제는 이런 것이었다. 히잡을 쓴다는 사실이 무슬림을 정의하기 때문에 히잡이 옹호되어야 하는가? 프랑스 이민자 인구층의 자유가 머리쓰개 금지령으로 입은 상처를 방어적으로 대응하는 근거가 되는가? 물론 무슬림 장신구 금지에 담긴 인종주의는 규탄과 공격을 받아야 한다. 하지만 자유주의적 관용의 관점은 이 문제를 무슬림의 권리 보호로 프레임화하면서 무슬림을 함정에 빠뜨린다. 그 관점은 무슬림들이 집단적 해방의 프로젝트에 동참하는 것이 아니라, 피해자화된 정체성 안에서 자신들을 보호할 것을 주장한다.

알랭 바디우가 《윤리학》에서 지적하듯이, 권리와 피해자 보호에 관한 이러한 자유주의적 패러다임은 제국주의의 토양, 즉 소위 "인도주의적 개입"의 토양이다. "백인의 짐white man's burden"이라는 제국주의의 문명화 임무는 그저 인민의 신체적 존재를 보호할 것을 주장한다. 인민은 동물로 환원되어 정치로부터 배제된다. 그들은 정치적으로 스스로 행동할 수 없기 때문에 국가의 보호를 필요로 한다. 바디우는 다음과 같이 묻는다. "세계의 비참함에 달려 있는 이러한 윤리가 피해자 인간 뒤에 좋은 인간을, 하얀 피부의 인간을 숨기고 있다는 것을 누가 보지 못하겠는가?" "문명의 이름으로" 이루어지는 개입은 "먼저 피해자를 비롯하여 그 상황 전체에 대한 경멸을 필요로 한다." 바디우가 지적하듯이 "몇 십 년 동안 식민주의와 제국주의에 대한 용감한 비판이 사라진 뒤" 나타난 오늘날의 도덕적 책임성이라는 자화자찬 담론과 군사 개입의 윤리학은 "제3세계의 비참함은 그들의 무능함과 우둔함이 만든 결과라는 집요한 주장"과 "'서구'의 추악한 자기 만족" 그 이상도 이하도 아니다.[8]

피해자다움이라는 자유주의적 패러다임과 권리가 지닌 역설을 넘어설 수 있을까? 이러한 역설을 정치적 적대가 구체적으로 표현된 것으로 이해한다면, 우리는 이를 넘어설 수 있는 강력한 역사적 근거를 가질 수 있다. 그 근거를 마시밀리아노 톰바가 프랑스 인권 선언의 두 가지 판본을 비교했던 것에서 찾아볼 수 있다. 톰바는 1789년의 첫 번째 선언에서 권리는 **사법적 보편주의**juridical universalism에 근거한다고 주장한다. 즉, 이 보편주의는 "위로부터의 보편주의로, 즉 권리의 주체는 수동적인 주체이거나 혹은 보호를 필요로 하는 피해자임을 의미한다." 권리의 주체가 외설적인 발언으로부터 보호받아야 할 여성이든 종교적 편견으로부터 보호받아야 할 무슬림이든, 사법적 보편주의는 이 주체에게 어떤 행위성도 부여하지 않는다. 이들의 유일한 정치적 삶은 국가의 보호에 영향을 받는다. 반면, 1793년의 선언이 표명하는 **반란자적 보편성**insurgent universality은 아이티 혁명에서 일어난 노예 봉기, 여성들을 배제해 온 정치 과정에 대한 여성들의 개입, 식량과 생존의 권리에 대한 상퀼로트의 요구를 통해 역사적 무대로 등장하였다. 톰바가 썼듯이, 그것은 "추상적인 권리 담지자를 전제하지 않"으며 "특수하고 구체적인 개인들—여성, 빈민, 노예—과 이들의 정치적 사회

8 Alain Badiou, *Ethics*, trans. Peter Hallward (New York: Verso, 2001), 13.

적 행위성을 언급한다." 여기서 우리는 새로운 역설과 마주친다. "자신의 구체적 상황 속에서 행동하는 이러한 특수하고 구체적인 개인들이 지닌 보편성은 추상적 권리 담지자의 사법적 보편주의보다 더욱 보편적이다."[9]

아이티 혁명의 지도자 투생 루베르튀르는 1799년 프랑스로부터 그가 이끄는 군대의 깃발에 이런 내용을 적도록 요구받았다. "용감한 흑인들이여, 오로지 프랑스 인민만이 당신들의 자유와 권리의 평등을 인정한다는 것을 기억하라." 그는 프랑스의 다른 식민지에 남아 있던 노예제를 지적하면서 이를 거절한 뒤, 보나파르트에게 보내는 서신에서 이렇게 답변했다. "우리에게만 인정해 준 상황의 자유는 우리가 원하는 바가 아니오. 원하는 것은 바로 적인이나 흑인, 백인으로 태어난 사람어느 누구도 그의 동료의 노예가 될 수 없다는 원칙을 **절대적으로 적용**하는 것이오."[10]

이 반란자적 보편성이 남긴 유산을 주장하는 것은 여전히 가능하다. 반란자적 보편성은 우리가 수동적인 피해자가 아니라 모든 이들을 위한 자유를 요구하는 정치의 적극적인 행위자라는 것을 말해 준다. 그런 이유에서 나는 샌프란시스코 국제공항에 모인 군중들이 보여준 아름다움에 감명받았다. 어떤 개인적인 지분도 없던 그 많은 사람들이 모든 이민자의 권리를 보호하기로 결심했다. 자신만의 안위와 안전밖에 잃을 것이 없

---

9   Massimiliano Tomba, "1793: The Neglected Legacy of Insurgent Universality," *History of the Present. A Journal of Critical History*, vol. 5, no. 2 (2015): 111.

10   Victor Schoelcher, *Vie de Toussaint Louverture* (Paris: Editions Karthala, 1982), 264. 인용문은 저자의 번역.

던 사람들이 그곳에서 난민 아이들과 함께하며 매우 크게 소리치고 있었다. 그들은 바디우가 말한 "모든 해방의 정치에 고유한 … 평등주의적 준칙"을 실현시켰다.[11] 이 준칙은 우리와 다른 이들의 자유를 무조건적으로 요구한다. 그리고 어떤 이민자든 알고 있듯이, 우리는 모두와 같지 않으며 우리는 심지어 우리 자신과도 같지 않다.

오늘날에는 이질적이거나 낯선 것으로 지칭되는 집단을 "타자"라 부르는 언어를 관례적으로 받아들이고 있다. 타자와의 연관성은 환원주의적인 굴종을 일으킨다고 이야기된다. 하지만 바디우가 《윤리학》에서 지적하듯이, 타자는 이미 어디든 존재하며 당신 안에도 존재한다.

> 무한한 타자성이란 그저 단순히 존재하는 것일 뿐이다. 어느 경험이든 모두 무한한 차이들을 무한히 배치한다. 심지어 자아에 대한 겉보기에 반성적인 경험조차도 하나의 통일성이 아니라 미분화들differentiations의 미로를 직관하는 것이며, 따라서 랭보가 "나란 타자이다."라고 이야기한 것은 분명 틀리지 않았다. 나 자신과 나 자신을 비롯한 다른 누구 사이에는, 말하자면 중국인 농민과 젊은 노르웨이인 전문직 사이만큼이나 많은 차이들이 존재한다.[12]

---

11 Alain Badiou, *Metapolitics*, trans. Jason Barker (New York: Verso, 2005), 149. [한국어 판: 알랭 바디우, 《메타정치론》, 김병욱, 박성훈, 박영진 옮김, 이학사, 2018, 189쪽.]

12 Badiou, *Ethics*, 25–26.

이 표면상의 역설은 어느 공항 시위자가 들고 있던 "유대인은 무슬림과 함께한다."라는 팻말로 잘 드러난다. 이 슬로건은 주디스 버틀러가 서술한 "국가 폭력, 인구의 식민적 종속, 추방과 박탈에 대해 비평할 유대적 출처"만이 아니라 "디아스포라적 유대성의 윤리적인 실체를 이루는 한 부분으로서 비유대인과의 동거라는 유대적 가치"에 의존한다. 무슬림 난민을 지지하는 것은 유대인의 역사에서 중요한 윤리적 전통에 바탕을 둔다고 주장할 수 있다. 하지만 버틀러는 이스라엘 식민주의에 대한 비판을 제기하려면 "유대성을 이례적인 윤리적 출처"로 주장하는 것을 거부할 필요가 있다고 주장한다.

여기에는 근본적인 양면성이 존재한다. "정의와 평등의 양태들을 확증할 중요한 유대 전통"이야말로 버틀러가 시온주의에 대한 비판의 근거로 삼고 있는 지점이다. 하지만 그렇게 하면 어느 한 전통이 예외적이라는 생각에 의문이 제기된다. 시온주의를 비판하고 정의와 평등을 긍정하는 것은 모든 종류의 예외주의를 넘어서는 것을 의미한다. 그러므로 "윤리와 정치를 사유하는 배타적 프레임으로서의 유대성에서 벗어날 필요가 있다."[13]

무슬림 계보를 지닌 우리들은 우리만의 양면성을 주장해야 할 것이다. 우리는 파키스탄의 마르크스주의자이자 시인 파이즈 아흐마드 파이즈를 떠올리며 시작할 수 있을 것이다. 그는 1979년에 무함마드 지아울하크의 이슬람 독재정권에 저항하

---

13 Judith Butler, *Parting Ways: Jewishness and the Critique of Zionism* (New York: Columbia University Press, 2012), 2. [한국어판: 주디스 버틀러, 《지상에서 함께 산다는 것: 이스라엘 팔레스타인 분쟁, 유대성과 시온주의 비판》, 양효실 옮김, 2016, 1-3쪽.]

면서 유명한 시 〈우리는 보게 될 것이다Hum Dekhenge〉를 썼다. 파이즈는 우르두어 시의 전통에 따라 이슬람의 언어를 받아들여, 지아울하크를 우상 숭배자라고 공격하고 혁명의 예언을 전한다.

"나는 진리이다"
외침이 울려 퍼질 때
그 진리는 나이기도 당신이기도 하다
신의 모든 창조물이 지배할 것이다
그것은 나이자 당신이기도 하다

파이즈는 이슬람의 언어를 거쳐 예외주의를 넘어서는 정치, 즉 그의 마르크스주의가 제공한 가능성을 지적할 수 있었다. 우리는 다른 이들과 함께하며 평등주의적 준칙에 따라 행동할 때 이 정치를 실천한다. 나는 이방인의 해방을 위해 싸운다는 바로 그 이유 때문에 나 자신의 해방을 위해 싸우는 것이다.

게다가 자유주의적 사고가 수동적 피해자로 환원시키는 이들은 정치에서 언제나 적극적인 행위자였고, 반란자적 보편성의 근원이었다. C. L. R. 제임스의 말에 따르면, "보편성을 위한 대중들의 투쟁은 어제에서야 시작되지 않았다."[14] 폴 길로이의 기념비적 저서 《검은 대서양》은 아이티 혁명에서 전조를 보였듯이, 계몽주의의 유산을 받아들인 흑인 급진주의 지식인들이 "근대성의 반문화"를 정교히 드러내게 되었다는 점

---

14 C. L. R. James, "Dialectical Materialism and the Fate of Humanity," in *Spheres of Existence* (London: Allison & Busby, 1980), 91.

을 보여준다. 이 사례는 바로 **디아스포라**로 요약되는 근원적인 타자성이 아프리카인과 유대인의 경험에 다리를 놓아 준 사례이다. 길로이는 디아스포라가 "문화민족주의의 사고"와 "문화가 불변하는 종족적 차이를 '흑인'과 '백인'의 역사 및 경험에 있는 절대적인 균열로 드러낸다고 하는 과잉 통합된 신념을" 어지럽힌다고 주장한다. 디아스포라는 우리를 더욱더 어렵고 복잡한 현실과 마주할 수밖에 없게 한다. "크레올화creolization, 혼혈metissage, 메스티조화mestizaje, 혼종성hybridity"은 "종족적 절대주의의 관점"에서 보았을 때 "오염과 불순물에 대한 장광설"에 불과하다. 하지만 길로이가 힘차게 보여주듯이, 그와 같은 종족적 절대주의는 "인종 담론을 넘어서고 그 행위자들의 포착을 벗어나는 문화적 변이 과정과 쉴 새 없는 (불)연속성"에서 등장한 풍부한 문화적 유산을 불분명하게 한다.[15] 컴바히강공동체 멤버 데미타 프레이지어는 컴바히강공동체가 최초로 제안한 "정체성 정치"에서 이미 이 정체성을 넘어서는 것들이 활동하고 있었음을 지적하였다.

> 제가 말씀드릴 수 있는 한에서, 그러니까 고전적인 정의에 따라 말씀드리자면, 사실 우리는 오늘날 사람들이 부르는 정체성 정치를 실천하지 않았죠. 왜냐하면 핵심과 중심 초점으로 삼았던 것이 우리 정체성의 어느 한 측면이 아니라, 바로 정체성이 자기가 살던 집을 떠난in the diaspora 흑인 여성에게 의미했던 총체성이었기 때문입니다.[16]

15 Paul Gilroy, *The Black Atlantic* (New York: Verso, 1993), 2.

16 Taylor, ed., *How We Get Free*, 119–20.

그러나 근대성의 인종적 반문화를 받아들인다고 해서 유럽 계몽주의를 무비판적으로 수용하는 것은 아니다. 길로이는 유럽 지성사에 대한 찬양이 오늘날의 "보수주의적 안주"를 드러내며, 유럽의 과거를 낭만화하고 "자유주의적이고 종교적이며 종족 중심적인, 완전무결하고 무반성적인 보편주의들을 은밀히 복귀시키려 한다."고 비판한다. 반란자적 보편성이라는 프로젝트는 소위 마르크스주의자라 알려진 이들에 의해 제기되지 않았으며, 이들은 계몽주의를 무비판적이고 몰역사적으로 찬양하는 오래되고 따분한 입장에 서 있었다. 길로이는 이러한 게으른 분석이 "그와 같이 근대적 경험과 근대적 예측 사이에 벌어지는 격차의 주요한 특징으로 나타나는 야만성의 역사로부터 전혀 영향을 받지 않았다."고 지적한다.

예를 들어 계몽된 유럽 및 미국의 보편성과 합리성이 전근대적 시대부터 이어진 인종 차이의 질서를 철폐하지 않고 오히려 이를 유지하고 재배치하는 데 활용되었다는 사실은 거의 감각되지 않는다. 루터와 코페르니쿠스라는 표준적인 한 쌍은 암묵적으로 이 특정한 방식으로 근대성을 이해하는 것이 지닌 한계를 드러내기 위해 활용되지만, 콜럼버스는 이 점을 보완하는 인물로 나타나지 않는다. 식민지에 대한 로크의 관심이나 아메리카 대륙의 정복이 데카르트와 루소에게 미친 효과는 그저 하찮은 주제일 뿐이다.

이와 같이 근대성을 독해하면, 계몽된 유럽이 저지른 범죄는 지워지며 따라서 검은 대서양의 중요성도 잊혀진다.

이런 배경에서, 노예제의 역사가, 그것이 완전히 중요하게 인식되더라도 어떤 이유에서든 흑인들에게 양도된다는 점은 전혀 놀랍지 않다. 노예제는 우리의 특별한 속성이 되며, 서구 전체가 남긴 윤리적 지적 유산의 일부가 되지 않는다. 이것은 이 역사에 대한 뻔한 다른 대답, 즉 플랜테이션 노예제를 전근대적 잔여물로 보고, 이러한 제도가 계몽된 합리성과 자본주의적 산업 생산과는 근본적으로 양립할 수 없다는 게 밝혀지면 사라지리라 보는 대답보다 더 선호된다.[17]

보편적 위상은 오로지 우리가 진지하게 "식민적 근대성을 고려"할 때, 즉 검은 대서양의 반문화를 바탕으로 하여 길로이가 말한 유럽을 넘어선 "전략적 보편주의"를 제안할 때 달성될 수 있다.[18] 보편성이란 추상적인 것으로 존재하지 않으며, 기계적으로 이런저런 상황들에 적용되는 규범적인 원리가 아니다. 보편성은 단지 자기 정체성을 공유하는 이들만이 아니라 모두를 위한 해방을 요구하는 반란 행위를 통해 창조되고 재현된다. 보편성은 어느 누구도 예속되지 않을 것을 이야기한다. 보편성은 마찬가지로 억압받는 이들을 위로부터의 보호가 필요한 피해자의 위치로 동결시키는 것을 거부한다. 보편성은 해방이란 바로 자기 해방이라는 점을 강력히 주장한다.

17 Gilroy, *Black Atlantic*, 49.

18 Gilroy, *Against Race*, 96, 71.

플랜테이션 반란에서 컴바히강공동체까지, 이런 보편성은 필연적으로 자본주의에 맞서고 반대한다. 반자본주의는 이 길을 따라가는 데 필수적이고 불가피한 발걸음이다. 바버라 스미스는 반드시 부활되고 보존되어야 할 컴바히강공동체의 유산의 일부에 관해 떠올리면서 이렇게 이야기하였다.

> 컴바히강공동체의 흑인 페미니즘이 매우 강력한 이유는 반자본주의적이기 때문이죠. 누군가는 흑인 페미니즘이 반인종주의적이고 성차별주의에 반대할 것이라고 기대할 겁니다. 흑인 페미니즘에 그 예리함과, 날카로움, 철저함, 혁명적 잠재력을 준 것은 바로 반자본주의입니다.[19]

C. L. R. 제임스는 **이러한** 종류의 보편성을 절충하는 것, 즉 반란의 우위성과 반자본주의 조직이 지닌 혁명적 잠재력으로부터 멀어지는 발걸음이 모두 기존 질서의 특수주의로 되돌아가는 것으로 이어졌다는 점을 보여주었다. 아이티 혁명의 지도자들이 결국 막 해방된 인구층에게 임금 노예제를 강제했던 것처럼, 어느 정체성이든 이러한 퇴행을 일으킬 수 있다. 제임스가 《블랙 자코뱅》에서 이야기하듯이 말이다.

> 정치적 배신은 백인종만의 독점이 아니었다. 게다가 반란을 일으킨 지 얼마 되지도 않은 시기에 곧바로 터져 나온 이 혐오스러운 배반에서 알 수 있는 것은, 정치적 지도력은 정강, 전략, 전술

19 Taylor, ed., *How We Get Free*, 67.

의 문제이지 지도하는 자들의 피부색, 자기 민족과의 출신 동일
성이 아니며 더군다나 그들이 답례로 제공하는 봉사는 더더욱
아니라는 점이다.[20]

1957년 제임스는 런던에서 마틴 루터 킹 주니어와 코레타
스콧 킹을 만났다. 이 부부는 가나에서 고국으로 돌아오는 중
이었다.《은크루마와 가나 혁명》을 쓰고 있던 제임스는 앨라배
마에서 일어난 몽고메리 버스 보이콧에 대단히 흥미를 보이며
부부의 이야기를 경청했다. 나중에 제임스는 킹에게 편지를 썼
고, 이 편지에서《블랙 자코뱅》한 부를 루이 암스트롱과 그의
아내 루실에게 보냈으며, 둘에게 책을 읽고 나면 킹에게 보내
줄 것을 부탁했다고 설명했다. 그는 이렇게 덧붙였다. "지금 즈
음 당신은 제가 언급하는 정치적 프레임이 '비협조'가 아니라
는 것을 알고 게시겠지만, 저는 성패의 기준으로 모든 정치적
인 활동, 전략, 전술을 검토합니다."[21] 제임스는 미국에 있는 동
지들에게 보낸 편지에서 이 만남을 자세히 이야기하며, 모든
성공한 정치적 사건이 지닌 공통점을 이렇게 요약하였다. 그것
은 바로 "언제나 예상치 못한 대중운동의 힘"이었다."[22] 바로 이
러한 대중운동이 1960년대에 법적 인종 분리를 종식시켰다.

---

20 C. L. R. James, *The Black Jacobins* (New York: Vintage, 1989), 106. [한국어판: 시 엘 아
    르 제임스, 《블랙 자코뱅: 투생 루베르튀르와 아이티 혁명》, 우태정 옮김, 필맥, 2007,
    153쪽.]

21 Martin Luther King Jr., *The Papers of Martin Luther King, Jr., Volume IV*, ed. Clayborne
    Carson, Susan Carson, Adrienne Clay, Virginia Shadron, and Kieran Taylor (Berkeley:
    University of California Press, 2000), 150.

22 Sojourner Truth Organization, *Urgent Tasks*, no. 12 (Summer 1981).

그로 인해 확립된 새로운 정치 투쟁의 무대에서, 우리는 계속 방법을 찾으려 노력하고 있다.

프로그램과 전략, 전술. 우리의 세계는 새로운 반란자적 보편성을 절실히 필요로 하고 있다. 우리는 그 보편성을 만들어 낼 수 있다. 당연히 우리 모두 그렇게 할 수 있다. 우리에게 부족한 것은 프로그램과 전략, 전술이다. 정체성이 주는 위안을 뒤로 한다면, 우리는 이 점을 논의하기 시작할 수 있다.

옮긴이의 말

    이 책은 2018년 영국 버소 출판사에서 출간된 《오인된 정체성―트럼프 시기의 인종과 계급》(트럼프 패배 이후 최근 이 책은 부제가 대중운동과 인종 이데올로기로 바뀌어서 출간될 예정입니다.)을 한국어로 번역한 것입니다. 저자 아사드 하이더는 파키스탄계 미국인으로 매체《뷰포인트》창립 편집인이며, 좌파 정치 관련 글들을 다양한 매체에 지속적으로 발표하고 있습니다.

    출간 당시 이 책은 미국을 비롯한 영어권 국가의 진보 좌파들에게 상당한 주목을 받았습니다. 정체성에 관한, 나아가 정체성 정치에 관한 논쟁을 새로운 시각으로 볼 것을 제안했기 때문입니다. 이 책은 현대의 정체성 정치가 단지 배상과 포용에 관한 요구에 그치는 것을 비판하면서도, 여러 정체성과 연관된 사회 경제적, 정치적 요구들을 진지하게 다루고자 시도합니다.

    본래 정체성 정치를 제안한 이들은 계급환원주의적인 노동운동이나 백인 여성 중심의 페미니즘 운동, 흑인 남성 중심의 흑인운동 등을 비판하면서 개인이 처한 복잡하고 구체적인 경험과 삶에 주목할 것을 강조하였습니다. 그리고 정체성 정치에 대한 비판적 평가와는 별개로, 정체성에 근거한 여러 사회운동은 사람들로 하여금 인종, 젠더, 섹슈얼리티, 장애, 연령, 출신 지역, 국적 등 다양한 측면에서 삶의 문제를 생각하고 개선하도록 공헌했습니다.

그러나 저자는 정체성 정치가 연대에 바탕을 두고 다양한 이해관계들을 엮어 내는 해방적인 정치가 되지는 못했다는 비판을 제기합니다. 더 나아가 정체성 정치가 억압받는 이들로 하여금 누가 더 약자인지를 확인하고 사회적으로 인정받고 보상받기 위해 서로 경쟁하고 대립하도록 만들었다고 주장합니다. 또한 정체성 정치는 억압받는 이들이 정체성을 비판적으로 바라보기 어렵게 만듭니다. 가령 누군가가 사회운동이 인정과 배상을 갈구하는 식의 정치를 넘어서야 한다고 지적하면, 그 지적을 사회적 진보를 위해 함께 노력하는 동료의 진지한 충고가 아니라 마치 자신과 자기 정체성과 연관된 사람들을 모욕하는 것처럼 느끼도록 만들었습니다.

저자는 인종을 둘러싼 정치에 관한 이야기를 통해 정체성 정치가 갖는 한계점, 그러한 정치가 등장하게 된 사회구조와 정치적 맥락, 그리고 우리가 정체성 정치에 대해 느끼는 양가감정 등에 대해 이야기합니다. "인종"이라는 거짓된 개념을 만들어 낸 "인종화 체제"를 밝혀내고, "인종" 이데올로기에 근거한 사회운동이 등장하는 배경, 그리고 그것이 궁극적으로 마주할 한계점을 우리에게 전달하고 있습니다. 이 점이 저자가 파키스탄계 미국인으로서 겪은 이야기부터 현재의 미국 정치, 흑인운동의 과거와 현재, 미국의 문학작품을 통해 독자들에게 전달하고자 하는 메시지입니다.

그렇지만 이 책은 그저 정체성 정치가 사회적 해방으로 나아가는 길을 가로막고 있다는 비관론을 설파하기 위해 쓰이지 않았습니다. 마틴 루터 킹, 맬컴 엑스, 휴이 뉴턴과 블랙팬서당, 컴바히강공동체의 선언과 실천, 아미리 바라카가 보여준 말년의 행보 등을 통해 저자는 정체성 정치가 갖는 한계점을 넘어서려면 무엇을 어떻게 해야 하는지 단초를 보여주고 있습니다 (물론 그들의 사상과 실천이 지닌 한계점에 대해서는 우리가 고민해 볼 거리입니다). 저자는 그들의 사상과 실천에서 한국어판 서문에서 제시되었던 원칙들이 중요했음을 전하고 있습니다. 이 점은 6장에서 "반란자적 보편성"이라는 개념을 통해 전달하려 했던 주장이기도 합니다.

옮긴이로서 독자 분들께 이 책을 읽을 때 염두에 두기를 바라는 점들을 전달하고 싶습니다. 첫 번째, 이 책은 계급이라는 "정체성"과 그 외의 정체성 중 어느 것이 중요한지 논쟁할 목적으로 쓰이지 않았습니다. 다시 말해, 인종이나 젠더 정체성보다 계급이 보편적이고 중요하다는 주장을 하려는 것이 아닙니다. "교차성" 개념이 보여주듯이, 우리가 마주한 문제들은 계급이라는 단면으로, 혹은 인종이나 젠더, 장애, 국적 등과 같은 단면으로 이해되기에는 훨씬 더 복잡하고 그 여러 측면들은 서로 얽혀 있습니다. 따라서 그중 한 측면이 중요하다고 단정 짓기 어렵습니다.

덧붙여 저자는 단지 여러 측면들이 서로 얽혀 있다는 점을 지적하는 것만으로는 충분하지 않다고 이야기합니다. 더욱 중요한 것은 그 여러 측면들이 왜 어떻게 얽혀 있는지를 밝혀내는 것입니다. 그리고 유물론적인 방식으로, 저자가 이야기하듯이 추상에서 구체를 향하여, 이 얽힘이 등장하고 지속되어 온 역사적으로 구체적인 현실을 탐구해야 한다고 제안합니다.

두 번째, 저자는 정체성 정치에 관한 비판이 그저 비판을 위한 비판을 넘어서야 한다는 점을 강조하고 있습니다. 흑인민족주의의 사례가 보여주듯이 정체성 정치는 정치적 실천과 분리된 단순한 이데올로기가 아니며, 사회운동의 조직과 동원 방식과 연관되어 있습니다. 정체성 정치의 한계에 대해 아무리 이야기한다 하더라도, 우리가 기존과는 다른 방식의 정치적 실천을 모색하지 않는다면 그 비판은 그저 공허한 주장에 불과할 것입니다. 그리고 그와 같은 정치적 실천은 사회정의와 연대에 기반한 대중운동을 만드는 방향으로 이루어져야 합니다.

세 번째, 저자가 이야기했듯이 미국의 인종화 체제와 인종 이데올로기가 아닌, 다른 사회적 맥락에 있는 다른 정체성들에 관해서는 구체적인 분석이 필요하다는 점입니다. 가령 오늘날 한국 정치에서 자주 언급되는 "세대"라는 범주 혹은 정체성을 당연하고 자명한 것으로 간주해서는 안 되겠습니다. 이 "세대"라는 개념이 왜 등장하고 유행하게 되었는지, 그것이 만들어내는 효과는 무엇인지, "세대"를 둘러싼 정치가 우리에게 어떤 감정 내지 죄의식을 느끼게 할 뿐 아니라 특정 정치적 실천과 조직을 하도록 이끄는지, "세대" 정체성과 연관된 경험들을 무시하지 않으면서도 보편적이고 해방적인 정치를 실천하기 위해 어떤 노력이 필요한지 고민해 볼 필요가 있습니다.

특히 세 번째 지점은 이 책이 한국에 소개되어야 할 이유와 연관되어 있습니다. 오늘날 우리 사회는 세대만이 아니라 젠더, 섹슈얼리티, 지역, 국적 등 여러 측면의 사회적 억압에 관한 논쟁과 대립, 갈등을 겪고 있습니다. 특히 사회적 소수자들이 겪는 문제를 이야기할 때, 서로의 문제에 공감할 뿐 아니라 어떻게 해방적인 방향으로 나아갈지 고민하고 실천하자는 제안은 찾아보기 힘들어졌습니다. 그 대신 누가 더 약자인지를 증명하고 누가 피해자로 인정받을 수 있는지를 구분 지으며 자신과 다른 이들을 비난하고 낙인 찍는 모습이 더욱 눈에 띕니다. 물론 단지 당사자로서 자신이 겪은 사회적 억압의 경험을 이야기하고 그것을 사회적으로 인정받는 것을 넘어서, 무엇을 해야 할지 고민하는 분들도 많아진 것 같습니다. 여러분들이 인종이라는 단어를 세대, 젠더, 성소수자, 난민 등으로 대체하면서 이 책을 읽었다면, 이 책이 고민하는 문제가 한국의 이야기와 무관하지 않다는 것을 느끼시리라 생각합니다.

물론 앞으로 무엇을 해야 하는지에 대한 명확한 대답은 독자 여러분이 스스로 찾아보아야 할 것입니다. 이 책은 미국의 맥락에서 인종을 둘러싼 정치가 왜 해방적이지 않게 되었는지, 그리고 해방적인 정치로 나아가기 위해서는 어떤 점을 고려해야 하는지 단초를 제공할 뿐입니다. 만일 정체성 정치에 대한 명쾌한 대안을 기대하면서 이 책을 읽으셨다면, 다소 실망할 수도 있겠습니다. 하지만 적어도 여러분들이 겪는 문제를 정체성 정치와는 다른 방식으로 고민해 보고, 그 고민을 다른 이들과 함께 나누며 어떻게 실천해야 할지 함께 이야기 나누는 것이 중요함을 느끼셨다면, 그것으로도 좋은 경험이 될 것입니다.

이 책에서 반복해서 강조하는 연대와 대중운동이라는 단어가 갖는 의미를 여러분들의 경험과 실천과 연관시켜 고민해 보시기를 바랍니다.

옮긴이가 감히 추측하건대, 아마 독자 분들이 느끼기에 미국의 역사에 관한 내용, 특히 아프리카계 미국인과 그들의 투쟁의 기나긴 역사가 어렵고 친숙하지 않게 느껴지겠다고 생각했습니다. 본래 저자가 흑인운동의 역사에 친숙한 미국의 독자들을 염두하고 썼기 때문에, 아프리카계 미국인의 역사와 운동을 관심 있게 지켜보지 않은 분들께는 어려울 듯싶습니다. 특히 마틴 루터 킹과 맬컴 엑스에 대한 잘 알려지지 않은 이야기, 그리고 그 뒤의 흑인해방운동의 역사는 새로운 내용이었을 것이라 생각합니다.

한국어로 옮기면서 어떻게 하면 낯선 내용이 나오더라도 책의 흐름을 이해하기 쉽도록 도울 수 있을까 고심했습니다. 본문에 잠시 언급되지만, 이 책을 이해하기 위해 중요한 내용을 옮긴이 주로 덧붙였습니다. 하지만 그 고민이 충분히 반영되었는지 확신하기 어렵습니다. 보기에 부족하다고 느낄 수 있겠습니다. 그 외에도 매끄럽지 못하거나 잘못된 번역 때문에 혼란스럽게 느끼신다면 이는 옮긴이의 책임임을 밝힙니다.

끝으로, 두번째테제 출판사에 감사하고도 죄송한 마음을 표하고자 합니다. 국내 독자들에게 정체성 정치에 관한 논쟁을 한 발짝 떨어져서 볼 수 있는 책을 소개하는 기회를 제안해 주고 출간에 신경을 써 준 것에 감사드립니다. 그러나 옮긴이의 부족한 역량과 개인 사정 탓에 이 책이 예정보다 늦게 출간되는 점이 마음에 걸립니다. 독자 여러분들께 이 책이 정체성과 보편성이라는 주제를 좀 더 다각도로 접근해 볼 수 있는 기회가 되기를 바랍니다.

찾아보기